Pasaporte a la Dimensión de los *Milagros*

Raquel Levinstein

Pasaporte a la dimensión de los Milagros

PANORAMA
superación

Pasaporte a la Dimensión de los Milagros
Raquel Levinstein

Primera reimpresión: Panorama Editorial, 2015
Tercera edición: Panorama Editorial, 2015

Manuel María Contreras 45-B, colonia San Rafael,
06470, México, D. F.

Teléfono: 55 54 70 30
e-mail: ventas@panoramaed.com.mx
www.panoramaed.com.mx

ISBN: 978-607-452-533-5

Impreso en México

A cada Ser Humano:

Para que descubra que es posible hacer los sueños realidad, que tiene alas para volar muy por encima del cautiverio que ha forjado su propia inconsciencia, que posee el Pasaporte que permite el acceso a las puertas del cielo, las que te conducen a la Dimensión de los Milagros y le llevan de regreso a casa, derechito al corazón de Dios.

Índice

Porque no es lo mismo hablar del mar y sus colores que echarse un clavado a las cálidas aguas del Caribe, porque no es lo mismo hablar de vuelos y rutas de avión que descubrir que tienes alas y que ¡puedes volar muy por encima de toda adversidad!

Porque no es lo mismo hablar de Dios que vivir en Él, porque no es lo mismo hablar de milagros que habitar en la Dimensión de los Milagros y descubrir que el Reino de los Cielos se encuentra al alcance y que, además, las puertas del cielo se encuentran abiertas para ti. Este libro te entrega el pasaporte automático para acceder a esta mágica y maravillosa dimensión.

Aquí encontrarás lo más actualizado de la Psicología Cuántica y del Espíritu, un enfoque psicológico que surge de experiencias humanas y que durante más de 20 años de investigación ha tendido un puente entre ciencia y espíritu, entre física y metafísica, entre materia y espiritualidad, entre nada y eternidad. Además, cuenta con miles de testimonios de personas que han logrado clausurar el infierno de las adicciones, experimentado la remisión milagrosa de enfermedades y diagnósticos fatales y encontrado la paz y la serenidad cuando todo era angustia y desolación.

Deseo de todo corazón que esta obra sea para ti, más que un libro, un pasaporte a la Dimensión de los Milagros.

Tu amiga
Raquel Levinstein

Pasaporte a la Dimensión de los Milagros

Este libro es un puente entre ciencia y espíritu, entre física y metafísica, entre lo visible y lo invisible, entre los poderes del cielo y los de la tierra, entre la nada y la eternidad. Está escrito para que logres abrir candados, grilletes y cadenas de ignorancia, sufrimiento e inconsciencia y emprendas un vuelo de transformación, trascendencia y libertad. Es el pasaporte automático que no sólo abre la puerta de la esperanza, sino la que te permite el acceso hacia las profundidades de ti mismo para recuperar tu ilimitado *poder personal* y penetrar a la Dimensión de los Milagros y así transformar tu realidad material en el aquí y el ahora, tomado de la mano del Arquitecto del Universo, como tú puedas entenderlo.

Su propósito es que descubras tu infinita grandeza interior y el indescriptible y prodigioso potencial personal; que transformes y trasciendas la realidad material que por ignorancia e inconsciencia te ha mantenido esclavo y prisionero de tus propios errores; que recuperes tus sueños y descubras que se pueden hacer realidad; que descubras que posees el *pasaporte* que elimina todos los obstáculos y que al instante abre los candados y grilletes que te mantienen prisionero de la inconsciencia y las leyes caóticas y destructivas de la materia; que lo utilices para acceder a las puertas del conocimiento, la sabiduría y así te sean revelados los más impactantes misterios del universo; que aprendas a voltear al cielo y descubras que no estás solo, que quien hizo mar y tierra camina contigo, vive en ti y que con Él y en Él hasta lo imposible ¡se hace posible!

Tu amiga
Raquel Levinstein

Un viaje a través de los recuerdos

Recuerdo que, cuando era apenas una niña de muy corta edad, vivíamos en un edificio que tenía unos pasillos muy largos que en aquel entonces me parecían enormes e infinitos. Cuando oscurecía o se iba la luz, en mi imaginación aparecían túneles y cuevas oscuras pobladas de fantasmas, brujas, monstruos y espantajos de mil formas. En ocasiones era preciso atravesarlos, aun en esas condiciones, para llevar o traer un mandado con alguna vecina o a casa de mis primas que vivían en el otro extremo del pasillo. Te confieso que, incluso cuando a nadie le comentaba lo que pasaba en mi mente, cuando debía realizar tan aventurados viajes por tan oscuros y tenebrosos lugares, yo sentía que el corazón se me salía del pecho de tan aprisa que latía y, paradójicamente, también experimentaba la extraña sensación de quedarme paralizada mientras más rápido pretendía caminar (qué digo caminar, hubiera querido correr o, de ser posible, volar, pero lo único que corría aprisa era mi corazón).

Mi abuelita (q.e.p.d.) era una mujer sabia y le debo tantas cosas que forjaron mi carácter y encausaron mi vida, entre ellas, aprender a invocar a Dios y confiar en Él. Aun sin decirle nada, ella se daba cuenta de aquella situación, y en alguna ocasión antes de emprender *el viaje* por aquellos pasillos que el miedo y la imaginación hacían parecer aterradores y desolados me preguntó: "¿Tienes miedo, verdad?" Yo estaba tan aterrada que no logré emitir palabra alguna, pero ella, comprensiva, leyó en mi mirada lo que el corazón gritaba. Entonces sacó su enorme llavero de uno de los bolsos de su mandil y tomó una llave que yo no había visto antes. Más que una llave común, era algo parecido a un pasaporte que me brindaba el acceso hacia otra dimensión: la Dimensión de los

Milagros. Con gran paciencia y ternura la colocó entre mis manos y me dijo algo más o menos así: "M'ijita, esta llave es mágica. Llévala bien agarradita en tus manos, no la dejes caer ni mucho menos la vayas a perder. Mientras la mantengas a tu lado verás cómo el miedo desaparece y todas las cosas resultan ser fáciles para ti. Recuerda siempre que nunca estás sola porque Dios vive en ti".

Yo la escuché con suma atención y recibí la llave encantada de sus manos grandes y firmes, extendidas hasta las mías tan pequeñitas y frágiles, que ante la magnitud de tal regalo parecían diminutas, incluso parecían temblar, como un reflejo de la gran emoción que sentía al recibir tan magnífico regalo y maravilloso don: un pasaporte mágico y excepcional.

Por si fuera poco, aunado a ese preciado obsequio, me regaló también una caricia y una sonrisa que el tiempo no ha logrado borrar de la memoria, sin mencionar el beso y la bendición que se grabaron en lo más profundo de mi corazón y me acompañan cada día de mi vida desde entonces y hasta la eternidad.

Así, con la *llave mágica* en mis manos atravesé una y mil veces aquellos pasillos que antes parecían tenebrosos, pero que, para mi sorpresa, dejaron de serlo pues aun cuando estuvieran oscuros, ahora se me presentaban iluminados y amables. En aquel entonces hubiera jurado que junto a mí caminaban los ángeles y que las hadas cuidaban de mí. El miedo desapareció como por arte de magia y en verdad parecía que todo a mi alrededor era bueno y amable.

Era como si la llave se hubiera transformado en un pasaporte automático a la Dimensión de los Milagros, donde podía caminar confiada a pesar de la aparente oscuridad y percibir, aun sin ver con los ojos del rostro, una presencia muy superior a mi pequeñez y fragilidad humana.

Yo cuidaba de esa llave sabiéndome poseedora de un tesoro muy especial. La colocaba debajo de mi almohada y la tenía siempre cerca de mí. Descubrí que con ella me sentía segura y confiada, como si hubiera descubierto con la posesión de esa llave excepcional y mágica un enorme e inagotable *poder personal.*

Pero los años pasaron, la niñez se fue quedando atrás y con ella la inocencia y la capacidad de creer con la fe que sólo un niño puede tener. Así, entre los recuerdos y vivencias de antaño se perdió la llave mágica, cancelándose también el Pasaporte a la Dimensión de los Milagros. Tuve que recorrer un largo camino por el cual se presentaron en mi vida muchos túneles oscuros: muchos errores y las caras consecuencias que éstos acarrean, pérdidas, carencias, enfermedades, incluso aquellas que venían acompañadas de un diagnóstico fatal. Fueron momentos difíciles con muchas adversidades y el miedo volvió a aparecer, cobrando en ocasiones un tamaño descomunal que me paralizaba. Era como si los recuerdos de antaño cobraran vida y los recorridos por aquellos pasillos tétricos y desolados estuvieran de nuevo frente a mí.

Muchos años y vivencias tuvieron que pasar. Fue un largo camino de aprendizaje que tuve que recorrer y, un día sin fecha en el calendario, como si aquella llave y aquella bendición que quedaron grabadas en mi corazón cobraran vida en mi imaginación y en mi corazón. Logré cerrar muchas puertas que me conducían inexorablemente al vacío, al dolor y al sufrimiento. También logré abrir muchas otras y rompí cadenas, grilletes y candados de esclavitud e inconsciencia. Así fui recorriendo varios caminos hasta encontrar de nuevo el pasaporte que me llevó de la mano al corazón de Dios y a la Dimensión de los Milagros.

Con ese pasaporte en conciencia y corazón logré descubrir que había en mí un infinito poder personal y que el Creador del Universo estaba conmigo en todo momento. Aprendí a navegar en la Dimensión de los Milagros donde descubrí las infinitas e inagotables posibilidades con las que contamos los seres humanos para enfrentar y transformar la realidad material que en estos tiempos donde prevalecen el egoísmo y la inconciencia, el cauce caótico y destructivo de la materia que nos asfixan y atormentan con un cúmulo de crisis, enfermedades, violencia, desintegración, guerra y destrucción.

Hoy, con infinito amor, quiero entregarte esa llave simbólica, deseándote con toda sinceridad que sea también para ti un pasaporte automático a la Dimensión de los Milagros. Así tú también conseguirás erradicar el miedo y los flagelos que la fuerza entrópica, caótica y destructiva de la materia genera y, desde luego, dejar atrás la turbulencia de la inconsciencia y descubras la magia y el milagro de caminar tomado de la mano del Creador a cada instante de tu vida, experimentando el Reino de los Cielos en el aquí y el ahora, navegando libre y soberano en la Dimensión de los Milagros. Ya decía san Agustín: "Los milagros no están contra la naturaleza, sino contra lo que el hombre sabe de ella".

Esa llave ha sido rescatada de entre los recuerdos de antaño, las penas y el sufrimiento confrontado y superado, y hoy te la entrego a ti también con infinito amor, como me fue entregada a mí en aquel entonces, con una sonrisa y una caricia que espero alcancen a tocar tu alma y el deseo sincero de que Dios, como puedas entenderlo, colme tu vida de bendiciones. Extiende tus manos y abre tu corazón para recibir este preciado tesoro: ¡un pasaporte a la Dimensión de los Milagros!

Preámbulo

Abriendo puertas, descubriendo tesoros

Es muy probable que a pesar de tus múltiples intentos por transformar la realidad que te agobia, por eliminar los pensamientos negativos y mantenerlos siempre positivos vuelvas a caer en lo mismo una y otra vez, cada vez más frustrado, pesimista y deprimido.

Es también probable que, si has logrado realizar algún deseo, conquistar algún anhelo, cristalizar algún sueño o intentado mantener tus sentimientos y pensamientos en lo positivo contruyendo imágenes y visualizaciones, aparezcan todo tipo de problemas, pérdidas o carencias; haciéndote sentir con frecuencia que sólo *tapas un hoyo destapando otro*. Incluso es probable que en momentos te sientas culpable y pienses que Dios te ha dejado de su mano y que es castigo divino lo que has enfrentado, después de realizar tus pininos en la construcción de una vida más libre, plena y abundante de todo lo bueno, sólo con los recursos de la mente y dejando a Dios de lado.

Tranquilízate, te aseguro que nada más difícil y lejano que la idea de que Dios se enoje contigo y que, en venganza a tus intentos de independencia, te envíe torturas y sufrimientos por doquier. Nada más remoto que la posibilidad de que Dios te deje de su mano y aleje su gracia de ti.

Es nuestra ignorancia, nuestra descomunal soberbia y nuestro brutal egoísmo lo que nos aleja de Él. Es entonces cuando nos alcanzan los achaques, carencias, enfermedades y tragedias y se instala la noche del alma y el corazón pierde su paz.

Pero alégrate, como ya te dije, Dios jamás se enoja contigo, no puede hacerlo, no porque le falte poder o fuerza, sino porque es amor, perdón y misericordia, y tú eres su criatura amada y perfecta que apenas despierta de un prolongado sueño de inconsciencia, de un letargo que te ha mantenido en la oscuridad con una venda de autoengaño en los ojos, prisionero de tus propias creaciones mentales y de la ignorancia.

Precisamente porque Dios es amor, y tú su criatura más amada y perfecta, sin importar el fondo emocional que experimentas, lo oscuro de la noche que atraviesas o lo profundo del abismo donde te encuentras, la mano extendida del Creador llega hasta ahí para invitarte a ponerte de pie, dirigir la mirada al cielo y descubrir que tú eres alguien muy especial, y que, tomado de su mano, es posible penetrar a la Dimensión de los Milagros y abrir las puertas que sean necesarias para conquistar tus deseos más encumbrados, cristalizar tus sueños más preciados y construir la vida que anhelas, transformando las tinieblas y la oscuridad en luz y claridad, la esclavitud en libertad, la tormenta, la dualidad y el conflicto interior en paz en el corazón, serenidad en el alma y una vida plena, colmada de bendiciones para ti y todos los tuyos.

Te garantizo que, si así lo deseas, éste será el comienzo de una nueva y maravillosa vida, la construcción consciente de un mejor mundo para ti, para los tuyos, los que más amas y para cada uno de los hijos amadísimos de Dios, aun cuando muchos, necesitándolo tanto, ni siquiera lo buscan o reniegan de su presencia. Todos lo necesitamos tanto y, no lo dudes, lo que tú realizas en conciencia y en aras de tu propio beneficio con humildad y agradecimiento, pero sobre todo tomado de la mano de Dios, lo haces en beneficio de la humanidad entera y de este maravilloso planeta que el Señor nos regaló como hogar.

De todo corazón deseo que este libro sea para ti más que una simple llave para los tuyos y para cada uno de los hijos de Dios; que sea un *pasaporte* a la Dimensión de los Milagros que te permita abrir no sólo la puerta de la esperanza, sino el de la certeza de saber que inicias un genuino despertar espiritual y de conciencia y, con ello un vuelo hacia la libertad, la transformación, la trascendencia y la cristalización de tus sueños más encumbrados.

Introducción

Primero quiero invitarte a descubrir las causas más relevantes que nos impiden obtener resultados óptimos en nuestros continuos intentos de pensar positivamente y realizar procesos creativos que en ocasiones funcionan a medias, mientras que en otras no logramos obtener algo, ya que volvemos a caer en la negatividad y la oscuridad de la inconsciencia. Algunas veces, y son las más frecuentes, alcanzamos una meta o cristalizamos un sueño, no obstante, pronto parece que debemos *pagarla* con alguna pérdida, algún contratiempo, conflicto, dolor o sufrimiento. Tal parece que *tapamos un hoyo, y destapamos otro más grande*, o bien, como dice algún refrán que refleja la sabiduría popular: *obtenemos una de cal por dos de arena.*

Entonces se instala la culpa y la frustración, lo que atrae más dolor y sufrimiento, ya que de manera inconsciente nos programamos para pagar culpas y lavar conciencias con penurias y sufrimiento. De esta manera, el miedo crece hasta tomar dimensiones descomunales. Es cuando, presos de la angustia por su impresionante tamaño, nos conducimos, bien sea a la parálisis y la cobardía o bien al desafío y la destrucción manifestados en adicciones y prepotencia, que no son más que un ropaje de inseguridad y miedo.

Así, instalados de nuevo en la oscuridad de la inconsciencia, el resentimiento hace lo suyo: como olas en el mar que vienen y van, el resentimiento nos lleva una y otra vez al ayer para recordarnos nuestra frustración y fracaso. También nos conduce una y otra vez hacia un mañana futurista, desfasado de la realidad, que te llena de angustia e incertidumbre. De esta manera, casi sin darte cuenta y amparado por la fuerza caótica y destructiva de la inconsciencia, los instintos se descoyuntan, los defectos de carácter nos vuelven a esclavizar y someter, convirtiéndonos en indigentes, viviendo día a día la peor ironía o paradoja humana: poseyendo todo no tenemos nada. Disfrutamos de recursos infinitos para transformar y trascender la realidad. Sin embargo nos volvemos en esclavos de la realidad material y prisioneros de nuestras propias creaciones mentales.

Pero no te desanimes, te aseguro que sí es posible construir la vida que el corazón desea, cristalizar tus más encumbrados sueños y rescatar tus más nobles anhelos; que sí es posible clausurar el eterno y conocido infierno, dejar de lado el camino del dolor y el sufrimiento, rescatar tu propia vida, reintegrar tu familia y forjar un mundo colmado de amor, armonía y plenitud de todo lo bueno para ti, para los tuyos, para los que más amas y para cada uno de los amadísimos hijos de Dios. Todo esto sin deudas a la vida, sin necesidad de arrastrar condenas, pagar culpas ni lavar conciencias, sin saldos rojos ni penitencias y sufrimientos para abonar al saldo de los favores recibidos.

En este momento, si me lo permites, hago un compromiso contigo, un pacto de corazón a corazón para mostrarte el camino que nos permite el acceso a la Dimensión de los Milagros, el que nos conduce directo al corazón de Dios, donde es posible experimentar la gozosa libertad de los hijos amadísimos de Dios en el aquí y ahora, donde es posible construir la vida que en verdad anhelas y hacer realidad cada uno de tus sueños.

Juntos utilizamos el pasaporte para abrir las puertas de la sabiduría, del conocimiento y, sobre todo, las que conducen al corazón de Dios, como tú puedas entenderlo. Con él también descubrirás tu propio e infinito poder personal y así realizar los procesos creativos que te colocan en armonía con la vida y te permiten saldar cuentas de inconsciencia y saldos rojos de antaño.

¿Estás listo para iniciar esta nueva y maravillosa aventura? Como siempre, si tú así lo quieres, lo haremos juntos y tomados de la mano del Creador del Universo. ¡Invócale y descubre que Él siempre te escucha, que siempre responde porque vive en ti y está siempre contigo!

Capítulo 1

Mientras más quiero menos puedo

La aduana de los mil *¿por qués?*

Ya habíamos mencionado la probabilidad de que, a pesar de obtener ciertos logros con el pensamiento positivo y con la visualización creativa o positiva, te resulte muy difícil o hasta imposible mantener tus pensamientos y sentimientos en el lado amable de la vida, en lo positivo. Y es por ello que con una facilidad impresionante vuelves a caer en la oscuridad y el conflicto interior, como si una fuerza superior a tu voluntad te jalara y te arrastrara hacia la negatividad.

También es factible que, si ya lograste realizar alguna meta o cristalizar algún deseo, comiences a experimentar pérdidas y carencias en otros terrenos de tu vida, y es gracias a que ignoras que existen leyes inalterables en el universo. Una de ellas es la *ley del ritmo*, que determina precisamente que, cuando obtienes una cosa, otra se pierde, si algo sube, tiene que bajar, que después del día, la noche tiene que llegar. Es precisamente por desconocimiento del funcionamiento de la leyes del universo del cual formamos parte que te aventuras a realizar algún sueño únicamente con los recursos de la mente, sólo para recibir un ramalazo cuando menos lo piensas.

Luego comienzas a sentirte culpable y temeroso cuando comienzas a experimentar *buenas rachas*, como si adivinaras la mala que generalmente le sigue a una buena. Pareciera que te da miedo ser feliz pues la experiencia te dice que algo tan bello no puede ser realidad y, si es tan bueno, ¿cómo lo deberás pagar? Esta actividad mental inconsciente te lleva de la mano a la culpa, ignorando que ésta genera cada vez más castigo, dolor y sufrimiento. Incluso pareciera que mientras más luchas contra todo mal, éste crece más. Y así, sin darte cuenta, la culpa te convierte en el boicoteador de tus propios sueños.

También es posible que te hayas lanzado con singular alegría a realizar construcciones mentales sin ocuparte antes de realizar *limpieza de armario*, es decir, haber realizado tu trabajo mental con el corazón invadido por el resentimiento, ignorando las consecuencias que este amargo sentimiento genera en tu mente, en tu alma y, por ende, en tu realidad material, pues por su propia naturaleza el resentimiento te jala y arrastra a navegar entre el ayer y el mañana, arrancándote la oportunidad de vivir cada hoy, que en realidad es el único momento que te pertenece, como los procesos creativos requieren ubicarse en el presente, el resentimiento nos aparta de la posibilidad de cristalizar nuestros propósitos.

Otro factor relevante que bloquea nuestros logros y la satisfacción de nuestras más encumbradas aspiraciones, que te provoca caer una y otra vez en el maremoto de la inconciencia, es tal vez haberte aventurado a realizar construcciones mentales sin sanar las fracturas del alma, en especial aquellas generadas en la infancia, ignorando que éstas construyen campos mórficos o energéticos que, de manera inconsciente, atraen una y otra vez a tu vida lo que ya no quieres experimentar y resuenan permanentemente con el dolor y el sufrimiento. Esta situación, siempre ignorada, te limita e impide coronar tus objetivos con éxito.

Incluso puede ser que ignores el hecho de que, al cambiar pensamientos negativos por positivos sin utilizar la fuerza espiritual, sólo se logra desplazar la energía negativa hacia otros defectos de carácter y *explosiones* o estallidos de *bombas atómicas* que se traducen en nuestra realidad material como el clásico ramalazo, el eterno conflicto, además de un sinfín de limitaciones, carencias y tragedias. Estas bombas atómicas, generadas por el desplazamiento de la energía cuando sólo se cambian pensamientos o actitudes negativas por positivas o cuando nuestras creaciones mentales son sólo de índole material, son aquellos eventos que nos hacen sentir que la vida está en nuestra contra, que el piso se hunde, que el techo se nos cae encima y que el mundo se desmorona en nuestras manos a pesar de los aparentes logros.

Cuando nos llega *el ramalazo* parece que la vida nos golpea y tira en la lona, y entonces pensamos una vez más que el destino se vuelca contra nosotros o que Dios ya nos agarró de marchantes. Sin embargo, a pesar de todo esto, nos encontramos como la burrita, la que da unos pasos para adelante y otros tantos para atrás.

Lo más importante y que determina en gran medida que en este afán de autorrealización y construcción de sueños te conduzcan una y otra vez a la frustración, al miedo, al vacío y a la soledad son esos propósitos que sólo buscan el bien y la satisfacción personal, sin tener en cuenta el beneficio de los demás, el bienestar que le debemos a nuestro planeta y la armonía que debe prevalecer entre los hombres y la naturaleza, que te conducen de manera incansable y repetida a la limitación y al fracaso, a obtener una cosa y perder otra, a conseguir una o varias metas, pero por la *ley de la compensación*, se atraen pérdidas, problemas y conflictos.

De esa manera, olvidando una vez más nuestra riqueza y compromiso espiritual que nos hace uno solo tanto con el Ser Supremo como con los demás, es probable que te hayas engolosinado con los logros materiales, con todo aquello que nos apega a la materia y nos hace olvidar que somos una amalgama perfecta de cuerpo y espíritu, de materia y eternidad. Es precisamente esta omisión de la inconsciencia lo que te ha hecho olvidar nuestro nexo eterno con el Creador del Universo y las galaxias, con el Señor Creador y dador de vida; que hayas olvidado pedir su guía y voluntad y de agradecer cada bendición, cada logro, cada amanecer y cada anochecer.

Así, sin darte cuenta una vez más, de manera ciega e inconsciente, te has programado una y otra vez para experimentar vacío, dolor y soledad interior, así como repetidos fracasos en nuestra realidad material, o bien, logros materiales efímeros con sufrimiento y soledad en tu corazón y una enorme lista de pérdidas materiales y afectivas. De nuevo, por ignorancia e inconsciencia y por nuestra descomunal soberbia se nos ha olvidado que absolutamente todo lo que puedes ver, oler, tocar, absolutamente todo lo que puebla nuestra realidad material, emerge de la fuente generadora de la vida, del campo primordial, puro y esencial que, según la física cuántica, proviene toda la creación. En este sentido, Jean Guitton postula en su libro *Dios y la Ciencia*: "Es fundamental, porque pienso que es la esencia de todo cuanto existe".[1]

Es así que, como niños pequeños e ignorantes, pretendiendo descubrir y aplicar *secretos* en nuestras vidas, jugamos con pólvora y generamos y explotamos bombas atómicas en nuestro vivir diario, dañando a quienes más amamos y destruimos nuestras vidas, que se encuentran plagadas de apegos y adicciones, mientras experimentamos día con día el caos, la dualidad, la enfermedad, la carencia, la violencia, la neurosis y la depresión. Pero lo más importante es que ignoramos nuestra herencia divina y nuestro derecho natural a poseer todo lo que la imaginación pueda concebir y el corazón desear.

Es por ello que como primer paso en la construcción de tus sueños te invito, con todo mi amor, a aceptar con profunda humildad nuestra pequeñez, fragilidad y limitación humana y material: sólo entonces lograrás descubrir tu infinita grandeza interior y nuestra enorme responsabilidad como cocreadores del universo, constructores de nuestra propia vida. Te aseguro que el hombre jamás es tan grande e infinito que cuando, con profunda humildad, inclina la cabeza e invoca a Dios; nunca es más libre, más pleno y más rico que cuando camina tomado de la mano del Creador y aprende a hacer su voluntad divina y perfecta, siempre en armonía con el mundo y para bien de cada uno de los hijos de Dios. Tal como dijera alguna vez William James: "La derrota del hombre

[1] Citado en Ramón Marques, *Descubrimientos estelares de la física cuántica*, Barcelona, Índigo, 2004.

siempre es la oportunidad de Dios". Te aseguro que vivir en Dios y caminar con Él a cada momento es dejar de existir y comenzar a vivir realmente.

El reconocimiento de nuestra fragilidad y pequeñez humana y la derrota e inclinación ante el Ser Supremo, representan un pasaporte a la Dimensión de los Milagros que nos abre el camino que nos conduce de regreso a casa, al corazón de Dios, y en Él y con Él, en la conciencia y el corazón, navegar siempre y por toda la eternidad en el infinito océano de todas las posibilidades para manifestar en el aquí y el ahora toda la bondad, la armonía, la belleza, la majestuosidad y la riqueza que emana del corazón de Dios, recordando a cada momento que somos seres espirituales experimentando una vivencia material que puede transformarse con el pensamiento, con nuestra atención y con el poder creativo de los sentimientos.

Es el momento de conocer *la verdad que te hace libre*, de descubrir y aplicar las *leyes espirituales universales* y, desde luego, también conocer y aplicar las infinitas posibilidades que nos ofrece la física cuántica. Por ello, extrapolando los principios más relevantes de esta rama del conocimiento que ha revolucionado todos los ámbitos de nuestro diario vivir y mediante la aplicación de las ecuaciones físico-matemáticas a la dinámica de la mente, es viable realizar con plena conciencia y responsabilidad el colapso de la energía cósmica, abriendo la posibilidad de transformar la realidad material y así cristalizar nuestros sueños más encumbrados, de construir una tierra nueva y de ver florecer la armonía y la paz entre los hombres, tanto tiempo anhelada, sin deudas a la vida, sin pagos o abonos de sufrimiento y dolor y sin dañar a otros ni a nosotros mismos. Te aseguro que sí es posible lograrlo y, de hecho, es éste nuestro destino divino, el cual debemos descubrir y aplicar en el aquí y el ahora, en este plano material que Dios, nuestro Creador, nos regaló como hogar.

Es tiempo de descubrir y utilizar, para nuestro beneficio y el de la humanidad entera, la tecnología de punta más espectacular e impactante: la *tecnología divina*, el *software* o programa del universo del cual tú eres una parte muy especial.

Por ello también es importante descubrir y utilizar el *hardware* o recursos de nuestra propia mente, para encender el interruptor con el corazón y la fuerza creativa de nuestras emociones y sentimientos, y así, con conciencia e inteligencia, utilizar *El pasaporte a la Dimensión de los Milagros* y cerrar puertas de ignorancia e inconsciencia y sólo acceder a las que nos conducen a la realización de los procesos creativos, sin culpas inconscientes ni deudas a la vida, para la gloria y la bendición del Padre, que es la esencia de la vida y fuente creadora del universo, y para bendición y realización tuya, de los seres que más amas y de la humanidad entera.

Que el pasaporte que te entrego con infinito amor te permita traspasar todas las fronteras y limitaciones que nuestra ignorancia e inconsciencia ha generado y descubras las infinitas posibilidades de tu capacidad creadora y realices procesos creativos en armonía con el mundo y de manera perfecta. Que el pasaporte te conduzca también hacia la cristalización de tus más encumbrados sueños y que no sólo logren sacarte del pozo oscuro de la soledad y el vacío que crece con cada anochecer, sino que logre abrir las puertas del cielo y un manantial infinito de bendiciones para ti y para cada uno de los amadísimos hijos de Dios.

Capítulo 2

Conociendo las causas, superando los efectos

A continuación te mencionaré algunas de las causas más relevantes por las cuales el famoso *secreto* o algunos procesos creativos, si bien nos va, funcionan a medias o de plano no lo hacen, generando una enorme frustración y un mayor resentimiento. Esto si tenemos suerte, pues en el peor de los casos, si logramos cristalizar algún deseo u obtener un triunfo, pareciera que la vida se encarga de cobrárnoslo caro con una enorme lista de pérdidas y secuelas de *malas rachas*. Todo esto es fruto de nuestra tremenda ignorancia y brutal inconsciencia, causado por la descomunal soberbia que nos caracteriza como seres humanos y que, en esencia, nos separa de nuestro origen divino, nubla nuestras infinitas posibilidades interiores y nuestro eterno nexo con el Creador.

Antes de señalar las causas más relevantes que producen enormes limitaciones y repetidos fracasos en los resultados de nuestros procesos creativos, quiero mencionarte que en cada caso te propongo literatura y material adicional (generalmente de mi autoría), para profundizar en cada una de las áreas señaladas, pero también te comento que en la sección dedicada a la construcción de procesos creativos, se encuentra una parte destinada a la realización de ejercicios con los que incidimos en cada una de las áreas señaladas de manera práctica e inmediata.

Estos ejercicios, de inicio, son suficientes para aventurarte con éxito en la construcción y cristalización de tus sueños, aprovechando al máximo el contenido de este libro.

Además, no sólo existe una ley en el universo, sino varias más. Cada una de ellas impacta nuestras creaciones mentales y, por tanto, también nuestra realidad material. Entre las leyes universales más relevantes se encuentran:

- *Ley catódica o de atracción*: "Lo semenjante se atrae".
- *Ley de oro:* "Lo que pides para otro, lo pides para ti".
- *Ley del círculo:* "Lo que siembras, cosechas y regresa a ti multiplicado".
- *Ley del perdón o transmutación.*
- *Leyes o principios herméticos:* para nuestro propósito, destacan la *ley de polaridad* y la *ley del ritmo y de compensación.*

Hablaremos con más detalle de todas ellas y sus implicaciones en nuestros procesos creativos en los próximos capítulos.

Ahora te presento las principales causas que restringen los resultados de los procesos creativos.

La culpa

Cuando existen sentimientos de culpa en nuestra mente y en nuestro corazón, sin darnos cuenta, éstos nos convierten en boicoteadores de nuestros propios sueños. Ella nos condena a un eterno castigo y nos ancla al dolor y al sufrimiento, recordándonos una y otra vez que no somos merecedores de lo bueno. La culpa también nos viste con ropajes de víctimas y tiñe nuestra vida de gris, por lo que resulta casi imposible que una persona culpable espere lo bueno y lo mejor y pueda mantener la mente y su vida en su lado amable.

A propósito de esto, quiero plantearte de entrada lo que algún día nuestro hermano mayor, Cristo Jesús, mencionó: "Que aviente la primera piedra quien se encuentre libre de culpa". Te aseguro que no existe un solo ser humano que lo esté, porque somos seres humanos en un proceso de aprendizaje y evolución.

Es por ello que resulta indispensable enfrentar nuestras culpas y transformarlas en peldaños de aprendizaje, conciencia y libertad. Sólo entonces podemos aspirar a una vida mejor, a construir con nuestra imaginación lo que queremos vivir. De lo contrario, la culpa se encargará una y otra vez de hacernos caer en sus garras y en la oscuridad de la inconsciencia destrozando nuestros sueños con ello y haciendo añicos nuestros logros, condenándonos a vivir lo que pareciera una noche eterna del alma.

Pero no te alarmes, te aseguro que ningún error o caída tiene la fuerza ni el poder para anclarte a un repetido infierno, También te confirmo que el pasado no te condena, a menos que tú lo aceptes y que le concedas a la culpa el poder de mantenerte atado a él, convirtiéndote, sin saberlo, en el boicoteador de tus propios sueños.

De tal manera que, antes de aventurarte a la construcción de imágenes mentales y realizar algún proceso creativo, te sugiero trabajar con la culpa, eliminando la pesada lápida que ésta genera. Debemos trabajar a fondo con ese componente de la inconsciencia, ya que genera tanto dolor y sufrimiento, pero, sobre todo, nos impide de manera reiterativa cristalizar nuestros sueños más encumbrados y nos obliga a generar castigo y sufrimiento, a pagar caro los errores de antaño y los logros de hoy.[1]

El resentimiento

El resentimiento tiene la cualidad de traer una y otra vez el ayer de dolor y vergüenza a cada hoy, así como la angustia y la incertidumbre del mañana. A nivel cuántico, como más adelante lo veremos, es capaz de colapsar energía cósmica en nuestra mente, la cual debería fluir cristalina y limpia, tal como es su origen. No obstante,

[1] Para este propósito te sugiero mi libro *La culpa*, publicado también por Panorama.

cuando frena la mente también produce el efecto que la gravedad propicia en la materia y se manifiesta como una energía que nos hunde y nos ancla a las cosas materiales y a su fuerza entrópica caótica y destructiva; nos atormenta por el ayer de dolor y nos angustia por el mañana que aún no llega y que tal vez jamás llegará.

El resentimiento, por su propia naturaleza, se comporta como las olas del mar: va y viene sin cesar, navegando entre el ayer y el mañana, impidiéndonos vivir cada hoy, que es el único momento que nos pertenece y en el cual podemos voltear al cielo y tocar la mano de Dios, tal como tú puedas concebirlo y entenderlo.

De tal manera, el resentimiento nos jala como la gravedad, sin importar lo encumbrado de nuestros pensamientos y lo bello de las imágenes mentales que logremos construir con la imaginación; nos obliga a caer una y otra vez en el fango de la materia, arrastrándonos al caos, a la dualidad, el conflicto y la destrucción, incluso de nuestros propios sueños y de los seres que más amamos.

Ésta es la naturaleza del resentimiento y el impacto que logra en nuestra mente. Es por ello que, incluso en ocasiones cuando no has trabajado con el resentimiento y piensas que ya has perdonado a tal o cual persona o situación, de repente te encuentras recordando una vez más el ayer de dolor y angustiándote y atormentándote por el mañana, sintiendo que te ahogas una vez más en el maremoto de la inconsciencia.

Por supuesto que ante estas circunstancias, que son totalmente ajenas a la voluntad, resulta inútil y desgastante mantener los pensamientos y las imágenes mentales en lo positivo, tratando de construir en el presente mientras ignoramos que el resentimiento hace lo único que sabe: jalarte hasta el pozo profundo del dolor y la soledad, y mantenerte navegando entre dos momentos que no te pertenecen, el ayer que, como decía el filósofo, tuvo su tiempo y fue, pero ya no es más. El mañana sólo es una esperanza, pero no una realidad material.

Con esto, comprenderás que cuando el alma se encuentra llena de resentimiento, resulta imposible construir sueños en tierra firme. Es intentar levantar castillos en la arena: el resentimiento, como las olas del mar, se encargará de tirar tus construcciones mentales, de desvanecer tus sueños y mantenerte navegando en el maremoto de la inconsciencia, donde parece que lo que más deseas se te va de las manos, y de lo que pretendes escapar te atrapa con cadenas y con candados.

Por ello, antes de aventurarte a la construcción de imágenes mentales y de realizar cualquier proceso creativo, recuerda lo que Cristo Jesús nos enseñó: "Si estás presentanto tu ofrenda en el altar, y allí te acuerdas que tu hermano tiene algo contra ti, deja tu ofrenda en el altar y ve, reconcíliate con tu hermano y entonces ven y presenta tu ofrenda".[2]

Esto significa que, antes que pretendas elevar tus pensamientos, sentimientos e imágenes mentales hasta lo más encumbrado, primero debes estar en paz con tu hermano (todos somos hermanos) y sólo entonces tus *ofrendas* llegarán hasta el altar o el corazón de Dios, de donde proviene toda la creación.

Mientras te encuentres resentido con alguien o algo, tus creaciones mentales jamás aterrizarán en la realidad material y, sin quererlo ni mucho menos desearlo, el resentimiento te hundirá una y otra vez en el pozo del dolor y la soledad, te mantendrá anclado al ayer que ya no es más y a un mañana angustiante que te apuntala hacia un futuro incierto, atemorizante y desfasado del presente. Pero lo más importante es que el resentimiento te impide vivir en plenitud el único momento que te pertenece: el hoy que se construye de instantes, y de los instantes de cada hoy se construye la eternidad.

Ahora que conoces el impacto que tiene el resentimiento en nuestra dinámica mental y el insospechado obstáculo que representa para materializar tus sueños e imágenes mentales, te sugiero que antes de adentrarte en la fascinante aventura de realizar procesos creativos con tu mente e imaginación elimines de tu vida el infierno del resentimiento. Enfréntalo, y transfórmalo viviendo en el aquí y el ahora, privilegiando el presente y dándole un sentido a tu historia personal mediante el prodigio del perdón.[3]

[2] *Mateo* 5, 23-24

[3] En la sección dedicada a la construcción de procesos creativos incluyo

El perdón

En esencia, y aun cuando el perdón constituye un elevador espiritual, éste tiene una connotación muy similar al resentimiento, pues si no has logrado perdonar a quien pareciera tu enemigo, a quien le has regalado tus sueños para convertirlos en pesadillas, tus días en noche eterna y tu vida en tumba, será imposible que tus sueños y anhelos logren tocar el corazón de Dios, de donde emerge toda la creación y, por ende, todas las posibilidades de cristalizar sueños y construir una nueva y mejor vida.

Pero además, el perdón genuino, el que sale del corazón, tiene la particularidad de elevarte hasta el corazón de Dios. En sí, el perdón tiene la cualidad de elevar tu frecuencia vibratoria. Es un helicóptero o elevador espiritual que logra llevarte del plano del dolor y del sufrimiento hasta la libertad y el gozo que se percibe en el corazón del Padre.

De ahí que, cuando no has perdonado y tu corazón se encuentra plagado de amargura y resentimiento, tus creaciones mentales, a la larga o a la corta, generan más dolor y sufrimiento. Esto se debe a que estás construyendo en el mismo plano de inconsciencia en donde repetidamente has tenido contacto con el dolor, el sufrimiento, la amargura y la frustración.

Ahora ya conoces las razones de tus frecuentes y conocidas caídas, de tus pequeños o grandes avances y de tus pequeños y grandes *pagos a la vida*, de tus enormes sufrimientos que no te permiten disfrutar de tus logros y avances con plenitud.

Si esto te quedó claro, ya será una enorme ganancia que dejes de culpar a Dios, a la vida y a los demás de tus continuos fracasos, de tus frecuentes caídas. Si quieres construir con tu imaginación y realizar procesos creativos sin tener que caer una y

---

un pequeño apartado para conseguir este propósito. Sin embargo, si deseas profundizar en este tema y el del perdón te sugiero consultar *El infierno del resentimiento y la magia del perdón* (Panorama, 2014) y *El perdón, una onda cuántica de libertad* (Panorama, 2012), también de mi autoría. Además, existe material auditivo para complementar y profundizar en este tema en <www.raquel-levinstein.com.mx>

otra vez en el abismo de la soledad y la frustración ni atraer el conocido infierno ni el dolor de siempre ni el sufrimiento experimentado durante toda la vida, antes de construir con la imaginación, ¡perdona!

De hecho, el proceso de perdón, el que nos lleva desde nuestro propio corazón, al de Dios puede también considerarse como una ley universal, conocida como la *ley del perdón y la transmutación*. Mientras el perdón sea genuino y salga del corazón, nos elevará hasta el corazón de Dios, permitiéndonos transmutar enfermedad en salud, infierno y prisión en libertad y conciencia y oscuridad en luz. Así que, no lo dudes, antes de realizar cualquier proceso creativo, utiliza el helicóptero espiritual que nos eleva hasta el corazón de Dios aplicando la magia del perdón.

Fracturas emocionales

Cuando no has sanado las fracturas emocionales generadas a lo largo de la existencia, especialmente las que ocurrieron en la infancia, o bien las que generaron un profundo dolor en cualquier etapa de la vida (un divorcio, la pérdida de un ser querido, un evento traumático como un asalto o un secuestro), inconscientemente se fabrican mapas energéticos o campos mórficos que nos llevan a resonar una y otra vez con aquello que ya no queremos vivir y a atraer repetidamente lo que más daño nos causa.

Con seguridad, después de un evento traumático has observado cómo los pensamientos se tornan obsesivos y nos hacen recordar día tras día el evento traumático que te causó tanto dolor, incluso tal parece que mientras más luchas por hacerlo desaparecer, más te abruma. Por si esto fuera poco, en la brevedad llegan las *malas rachas*: no acabamos de salir de una cuando nos llega la otra.

Parece que mientras más luchamos por salir de esa turbulencia, más nos anclamos al dolor y al sufrimiento. Ya Cristo Jesús, nuestro hermano mayor, nos decía: "No luches contra el mal". Conociendo la dinámica de la mente lo podemos entender bien: mientras más luchas y más esfuerzos haces por salir del oscuro pozo del dolor, mayor es la fuerza que te jala y te ata al maremoto de la inconsciencia, más fuerte la presión de los grilletes que te mantienen atado a la oscuridad.

Aquí también actúa la ley de atracción, pero su forma negativa, de tal manera que mientras más fijas tu atención en lo que ya no quieres vivir, lo atraes con mayor fuerza.

Esto de la inconsciencia no es buen negocio para el alma ni para la vida. Por lo pronto, te suplico que si te encuentras en un estado depresivo o no hace mucho experimentaste un evento traumático, por favor, ¡abstente de realizar procesos creativos o construcciones mentales! La tristeza y el miedo que alimentan a la parte oscura de tu mente te jalan y anclan a una oscura noche del alma que pareciera eterna y, con ello y sin darte cuenta, atraes más de lo mismo, justo aquello que ya no deseas vivir. Incluso llegas a pensar que la vida está en contra tuya y que Dios te ha dejado de su mano.

De tal manera que, si existen fracturas emocionales generadas en la infancia o has sufrido recientemente una pérdida y te encuentras en un estado de profunda tristeza, es importante trabajar, en primer lugar, con tu niño interior. En caso de pérdida es importante trabajar con el proceso de duelo correspondiente y, siempre que sea posible, utilizar la magia del perdón para romper los campos mórficos que generan y atraen dolor y sufrimiento de manera incansable en tu vida.[4]

[4] En mis proyectos literarios se encuentra precisamente hacer alusión a los campos mórficos para aprender a detectarlos y romper los que nos son adversos, eliminando lo que conocemos y aceptamos como malas rachas, mala suerte o herencia trágica de familia. Desde luego, su propósito también es construir nuevos campos mórficos de todo lo bueno. Por el momento te sugiero, para trabajar con este rubro, el siguiente material de mi autoría: *En busca de un ayer perdido* (Panorama, 2013), *Cuando alguien se va* (Panorama, 2014), *Dile adiós al sufrimiento* (Panorama, 2013), *La culpa* (Panorama, 2014), *Sanando fracturas del alma* (CD de audio), *Apapacho para el alma* (CD de audio), *Contacto con mi niño interior* (CD de audio).

Ausencia consciente de la fuerza espiritual en nuestras creaciones mentales y procesos creativos

Ésta es una de las principales causas por las que pensar bonito y construir imágenes mentales bellas no puede funcionar como quisiéramos. La ciencia, a través de los impactantes descubrimientos de la física cuántica que han revolucionado todas las áreas de conocimiento humano, asegura que absolutamente todo lo que puedes ver y tocar, todo lo que ha existido y existirá, proviene del campo supracuántico, que para algunos es mágico, fantasmagórico, divino y espiritual, para otros el vacío y la no materia, y para unos más espíritu, mente infinita, mente cósmica, corazón de Dios. Estos postulados quedan confirmados científicamente con la Partícula Divina o Bosón de Higgs, a quien es entregado el Premio Nobel de física en 2013, demostrando que todo emerge de un campo invisible e intangible, y que esta partícula le da masa a toda la materia.

Con estos principios podemos entender y aplicar a nuestra vida cotidiana la frase bíblica que dice: "Primero busca el reino de Dios y su justicia y todo te será dado por añadidura".[5]

Sin duda nos hemos encandilado con la facultad creativa que Dios nos regaló desde el principio del tiempo: la facultad de crear mediante nuestros pensamientos y sentimientos, de realizar construcciones mentales usando la imaginación. No obstante, como niños pequeños, presos de ingratitud e ignorancia, utilizamos nuestras propias facultades para logros materiales efímeros y superficiales que alteran el orden y la armonía del universo y que, por tanto, sólo aumentan la venda de autoengaño e ignorancia que cubre los ojos del alma y nos aleja de la unidad que debemos forjar como un sola familia: la humanidad.

Es por ello que las creaciones mentales o procesos creativos que son alentados por el egoísmo y carecen de fuerza espiritual separan en vez de unir, destruyen en vez de construir.

[5] *Mateo* 6, 33.

Recuerda que Dios es unión, vida, orden, armonía y creación eterna y perfecta. Mientras que, si sólo nos alientan los bienes materiales, se desboca el egoísmo y se genera ruptura, muerte, caos y destrucción. Por tanto, sólo unidos, con conciencia a la única fuente generadora de la creación es posible construir el mundo con perfecta armonía y siempre para bien.

Más adelante, con fundamentos científicos muy sólidos, entenderemos por qué sólo tomados de la mano del Creador Universal, nuestros procesos creativos obran para bien, no únicamente para beneficio personal y fines egoístas, sino para toda la humanidad y el planeta Tierra, que el Señor nos regaló como hogar.

Por lo tanto, aquí y ahora, en cada momento y en cada oportunidad, comenzamos a experimentar una vida de gloria, colmada de bendiciones, que impacta y beneficia a todos los que se encuentran a tu alrededor. Recuerda una vez más y para siempre la sentencia bíblica que dice: "Primero busca el reino de Dios y su justicia, y todo te será dado por añadidura". Y todo es *todo*, sin importar si es sólo un carro, una casa, un viaje, una relación, salud, trabajo, armonía o todo lo bueno que tu corazón pueda desear, sólo que para ello debes encontrarte en armonía con el mundo y de manera perfecta, como perfecto es el Señor, nuestro Dios.

¿Te das cuenta? Hemos nadado contra la corriente y colocado la carreta delante de los caballos, pretendiendo encontrar en la materia lo que del espíritu procede. Con el pasaporte que tienes entre tus manos es viable acceder a la aduana que nos conduce a la cámara de las grandes revelaciones para romper las ataduras que nos anclan a la fuerza caótica y destructiva de la materia y así emprender un vuelo de libertad. De este modo podemos ver más allá de las fronteras de la materia y tener bien claro lo que genera nuestra tragedia eterna. Hemos colocado toda nuestra atención, empeñado el alma y sacrificado nuestra existencia en aras de logros materiales, mientras ignoramos que éstos sólo son la añadidura, jamás el objetivo ni la intención.

Este pasaporte, que logra traspasar los límites y fronteras de la ignorancia y la inconsciencia, también abre las puertas de la sabiduría y nos recuerda la sentencia divina que cobra vida, cuando primero buscamos el Reino de Dios y su justicia, que es buscar el bien y la armonía para todos los hijos de Dios, sólo entonces te será dado todo por añadidura.

Una vez que iniciamos nuestro viaje a la eternidad en el aquí y el ahora, construyendo no sólo con nuestros pensamientos y sentimientos, sino también con nuestras palabras y acciones, ubicados en cada hoy, pero con la vista en dirección al cielo y los pies bien puestos en la realidad material, nuestro camino siempre será hacia adelante, siempre en ascenso, rebasando incluso nuestros sueños más encumbrados, experimentando todos los días la dicha de sabernos tomados de la mano del Ser Supremo, cobijados con su amor infinito y anclados por siempre en su corazón. Recuerda que la eternidad se construye cada día, y que sólo con la fuerza del espíritu es posible transformar y trascender la realidad material bajo la guía divina y la amorosa protección del Creador.

Capítulo 3

Abriendo las puertas de la sabiduría

Las leyes del universo, siempre vigentes

Antes de aventurarnos en la sorprendente y maravillosa experiencia de cristalizar sueños y construir nuestros más encumbrados propósitos, vamos a conocer brevemente algunas de las leyes universales y su implicación en nuestra facultad de crear o construir. La ignorancia nos ha conducido hasta el deplorable estado en el que se encuentra la humanidad hoy en día, pero ahora debemos acompañarnos del conocimiento, la responsabilidad y la conciencia en este camino que iniciamos hacia la materialización de nuestros más profundos anhelos.

Recordemos que una ley, por su propia definición y naturaleza es inalterable. Esto significa que bajo ninguna circunstancia o pretexto pueden ser modificadas. De tal manera que, sin importar qué tan nobles o encumbrados parezcan nuestros propósitos, y por inmejorables que sean nuestras intenciones, las leyes actúan sin miramientos ni concesiones. Tal es el caso del fuego, cuya naturaleza es calentar y quemar, de modo que si alguien mete la mano al fuego, éste lo quemará sin importar que sea un santo o un criminal.

De igual manera sucede con el agua: si alguien se mete al mar embravecido sin saber nadar, se ahogará sin duda, sin importar lo buena o mala persona sea.

No obstante, el conocimiento del funcionamiento del fuego y del agua, así como de cualquiera de las energías y las leyes del universo, nos permite utilizarlas a nuestro favor y beneficio, y de eso se trata precisamente, de conocer las leyes, su funcionamiento e implicaciones para construir sin miedos ni temores, y mucho menos con deudas a la vida, caídas ni ramalazos.

Es precisamente por ignorancia de la existencia de estas leyes, de su función e impacto en nuestro diario vivir, que llegamos a pensar que la vida nos castiga, que Dios ya nos ha abandonado, que está en nuestra contra y que ya nos agarró de marchantes. Nada más falso. Te recuerdo una vez más que Dios es amor, y que tú eres su criatura amada y perfecta. Así que sería un buen comienzo aceptar que sólo la ignorancia y la fuerza de la inconsciencia nos han sumergido en un pozo de dolor y hecho sentir de espaldas a la vida, siempre atados a un infierno tan temido y tanto tiempo conocido.

Por ello resulta importante conocer estas leyes, pues si bien son inalterables, el conocimiento de su función te permite utilizarlas a tu favor, en beneficio de tu propio crecimiento y superación, de los que más amas y, de hecho, en beneficio de la humanidad entera. En tanto, lo que un solo ser vivo puede lograr abre puertas y ventanas para vislumbrar un camino nuevo, para que otros, quizá los que más lo necesitan, también lo sigan.

Así que, aprestémonos ya para dejar atrás la era de la ignorancia y con ello clausurar el repetido infierno, el dolor, la frustración y el sufrimiento. También dejemos atrás la costumbre de caminar de espaldas a la vida, con las manos vacías y el corazón seco.

Mediante la humildad debemos reconocer nuestra finitud humana, nuestra enorme limitación material e invitar a Dios a nuestra vida. Así, con conocimiento, responsabilidad y conciencia construir con bases sólidas y firmes el mejor mundo posible, el que tu corazón anhela, el que vive en tus acalladas fantasías y que alimenta tus sueños, los que hoy sabes es posible hacer realidad.

Antes de aventurarte a realizar creaciones mentales y procesos creativos, ¿te costaría mucho trabajo aceptar nuestra fragilidad y pequeñez humana e invocar la guía divina, la orientación de Dios?

Porque este es el verdadero camino, el pasaporte que te conduce hacia el descubrimiento del majestuoso y gran secreto: al unirte conscientemente a la fuente generadora de la vida descubres que todas las cosas que necesitas fluyen hacia ti de manera armoniosa y todo lo que acontece en tu vida siempre obra para bien.

Cabe mencionar que todas las leyes del universo trabajan en perfecta armonía, por lo que resulta imposible utilizar alguna de ellas, sin alterar los efectos de las otras.

Primero vamos a conocer las leyes herméticas o los siete principios universales propuestas por los Tres Iniciados, autores de *El kybalión*. Entender estas leyes no sólo nos ayuda a clarificar nuestra realidad tanto exterior como interior, así como la naturaleza de nuestra esencia, sino que además nos regala un mundo infinito de posibilidades y herramientas para nuestro crecimiento y evolución.

Principio del mentalismo

"El Todo es mente, el universo es mental."

Este principio explica que el Todo es la realidad sustancial que se encuentra oculta detrás de toda manifestación en el universo material, es decir, todo aquello que puede ser percibido por nuestros sentidos, es espíritu incognoscible e indefinible. No obstante, puede ser conceptualizado como una inteligencia cósmica, una mente universal y viviente, en la cual nos movemos y existimos.

De esta manera podemos entender al Todo como un campo puro, primordial y esencial que es la fuente generadora de toda la creación, de donde se deriva la energía, el poder y la materia. Conocer y entender este principio nos permite percibirnos a nosotros y a cada uno de los seres vivos nutriéndonos y moviéndonos en la Mente Divina de la cual proviene toda la creación.

Por eso lo que afecta a uno nos afecta e involucra a todos. Por tanto, las creaciones mentales o procesos egoístas en los que se excluye el beneficio de los demás, tarde o temprano, también se vuelcan contra nosotros, ya que nos encontramos alterando la armonía del universo.

Otro aspecto importante de esta visión, donde nos encontramos navegando en la Mente Divina, es que en realidad nada se pierde ante los ojos de Dios, en ella no existe la muerte, sólo vida. Tampoco existe el ayer ni el mañana, sólo un eterno hoy donde se construye la eternidad. En este sentido la hermosa frase de Erich Fromm cobraría un sentido especial: "Vivir es nacer a cada instante".

De igual manera, en la Mente Divina, en la Inteligencia Cósmica, se encuentran todas las ideas y todas las imágenes de la creación. ¿Te das cuenta? Si nosotros estamos hechos a imagen y semejanza del Creador, es en nuestra propia mente donde se encuentran todas las posibilidades de creación, transformación y trascendencia de la realidad material. Para ello, sólo basta sintonizar nuestra propia mente con la Mente Universal por medio de la imaginación y la fuerza creadora de los sentimientos. Te aseguro que sí es posible materializar las ideas divinas, que siempre son buenas y generosas en este plano material, pues recuerda que el Todo es mente, y en esa mente cósmica y universal se encuentra la fuente generadora de la creación y, a tal dinamo de posibilidades, todos y cada uno de los seres humanos tenemos acceso mediante la conciencia, pues te recuerdo que en la Mente Universal nos movemos todos y en Él tenemos nuestro ser.

Principio de correspondencia

"Como es arriba es abajo, como es abajo es arriba."

Con este principio es posible entender que siempre existe una correspondencia entre las leyes y los fenómenos de los diferentes estados del ser y de la vida en los múltiples planos de expresión.

De tal manera que si el Todo se encuentra en todo y en todo se encuentra el Todo, este principio nos permite acceder a muchos planos que no conocemos y que son inaccesibles a simple vista. Según los herméticos, este principio es de aplicación universal, tanto en el plano material, mental como espiritual, por tanto, este principio cobra una relevancia primordial para la mente, pues nos permite acceder y comprender la realidad de los diferentes planos de la existencia.

Amparados en este principio universal es posible extrapolar leyes y dinámicas de la materia a la mente humana. De igual manera, es también factible extrapolar leyes y dinámicas mentales a la realidad material.

Mediante este principio entendemos en gran medida por qué cuando nuestra mente es un caos, nuestra realidad material también lo es. Este principio se encuentra estrechamente vinculado a la ley de atracción en la que se postula que lo semejante se atrae de tal manera que, cuando nuestra realidad material parece un caos, podemos asegurar que nuestra mente también lo es.

Por otra parte, aplicando este principio es viable diagnosticar el estado general de salud de un organismo a partir de una pequeña gota de sangre, así como se puede hacer con una diminuta gota del agua del océano, que si bien no es el océano, sí refleja las características generales de éste.

También, con este principio universal, tal como lo explica y fundamenta la Psicología Cuántica y del Espíritu, de la cual soy pionera, es viable extrapolar la dinámica y el movimiento de las olas en el mar a la dinámica de la mente, particularmente del subconsciente.[1]

De tal manera que, conocer y entender este principio universal, no sólo nos permite conocer mucho de lo que acontece en el universo y en los diferentes planos de expresión, sino también en nuestra propia mente y en nuestro interior y, con ello, obtener elementos de inmensa valía para transformar la realidad material. El sólo hecho de transformar nuestra calidad de pensamientos incide en la calidad de nuestra vida cotidiana.

[1] Véase Raquel Levinstein, *Dile adiós al sufrimiento*, México, Panorama, 2013.

Principio de vibración

"Nada está inmóvil, todo se está moviendo, todo vibra."

Este principio explica las diferencias entre las diferentes manifestaciones de la materia, de la fuerza de la mente e incluso del espíritu, ya que no son sino manifestaciones de las diferentes frecuencias de vibración.

Esto significa que en el Todo se encuentra la más pura y encumbrada forma de vibración, aun las formas más densas de la materia con su baja frecuencia vibratoria están en movimiento. Esto me recuerda una reflexión del gran filósofo presocrático Anaxágoras la cual dice: "Dios duerme en la piedra, despierta en la naturaleza, se hace consciente en el animal y divino en el hombre".

Del mismo modo que la dimensión espiritual parece encontrarse en reposo a pesar de estar vibrando en altísimas frecuencias, la materia más densa, como la piedra, que parece encontrarse en reposo, también se encuentra en movimiento, en una frecuencia vibratoria muy densa.

En el plano de la mente humana podemos inferir que si los pensamientos y sentimientos son densos, egoístas y mezquinos, lo que se atrae son personas y circunstancias con características similares que tarde o temprano se vuelcan contra nosotros, mientras que si los pensamientos y sentimientos son nobles y encumbrados, lo que se atrae a nuestra vida siempre es para bien.

Esto, según los herméticos, se manifiesta de igual manera en los diversos planos de expresión de la energía o fuerza, pues las diferencias están dadas por los diversos estados de frecuencia vibratoria. Con el conocimiento de este principio, dicen los maestros herméticos, es posible controlar y modificar los propios estados mentales e influir en los de los demás, al igual que mediante la aplicación de este principio es posible conquistar los fenómenos de la naturaleza. Así pues, los herméticos dicen: "El que comprenda el principio vibratorio, tiene el cetro de poder en sus manos".

Con este principio hermético, podemos constatar el inmenso valor del proceso del perdón que, cuando es auténtico, nos eleva desde las vibraciones más densas, que nos anclan a la fuerza caótica y destructiva de la materia, hasta las más encumbradas, aquéllas que nos permiten navegar en el corazón de Dios. No cabe duda que el perdón es una poderosísima herramienta con la que contamos los seres humanos para elevarnos sobre cualquier adversidad y permitir que tanto nuestros pensamientos como sentimientos y emociones vibren en las frecuencias más puras y encumbradas, las que nos permiten el acceso al corazón de Dios, tal como tú puedas comprenderlo.

Principio de polaridad

"Todo es doble, todo tiene dos polos, todo, su par de opuestos.
Lo semejante y lo antagónico son lo mismo,
los opuestos son idénticos en naturaleza pero diferentes en grado.
Los extremos se tocan, todas las verdades son semiverdades,
todas las paradojas pueden reconciliarse."

Este principio nos habla de que todo es dual, que todo tiene su par de opuestos y que, no obstante, en realidad son lo mismo, pues sólo difieren en grado y, por tanto, pueden reconciliarse. Así, el frío y el calor, el día y la noche, la oscuridad y la claridad son en esencia lo mismo, sólo que en grados diferentes. De igual manera, la salud y la enfermedad, la carencia y la abundancia, el hambre y la saciedad, el amor y el odio son en realidad extremos de la misma cosa y, por tanto, es posible ir de un extremo a otro o buscar un equilibrio entre ambos polos.

Nos dicen los maestros herméticos: "El arte de polarizar se convierte en una fase de la alquimia mental". Con esto entendemos una vez más la importancia y la necesidad de utilizar el recurso espiritual, que constituye el extremo de cualquier polo material y la maravillosa posibilidad de transmutar enfermedad en salud, carencia en riqueza y abundancia; ignorancia y confusión en sabiduría y certeza, el odio en amor, la esclavitud del resentimiento en perdón y libertad.

En realidad el arte de la alquimia mental o de la transmutación consiste en llevar de un polo al otro nuestros pensamientos y sentimientos pero, ¡cuidado!, el verdadero extremo de la fuerza caótica y destructiva de la materia es la fuerza espiritual. Por lo tanto, toda creación mental o proceso creativo que no sea alentado por esta fuerza sublime lo único que logrará será desplazar energía material. Esto nos permite entender por qué es común lograr una cosa pero atorarnos en otra, pues la creación mental alentada por la parte oscura de la mente, es decir, el miedo y el egoísmo entre otras chuladas de la inconsciencia, es la misma gata pero revolcada y se encuentra muy cercana a las leyes destructivas de la materia.

Principio del ritmo

"Todo fluye y refluye, todo tiene su periodos de avance y retroceso, todo asciende y desciende, todo se mueve como un péndulo: la medida de su movimiento hacia la derecha es la misma que la de su movimiento hacia la izquierda. El ritmo es la compensación."

Creo que el contenido de este principio universal, el cual los herméticos afirman, rige todo, soles, mundos, animales, mente, energía y materia, nos ilustra claramente por qué cuando nos inclinamos a realizar construcciones mentales sin observar el impacto de las más importantes leyes universales, sobre todo cuando en nuestro afán materialista y egoísta dejamos de lado la espiritualidad y cuando le cerramos la puerta a Dios, engolosinados en nuestras posibilidades materiales para obtener un logro, aunque sólo obtengamos un retroceso; si logramos un asenso, cosechamos un descenso en otra á rea de nuestra vida; si un triunfo, una pérdida. La sabiduría popular lo afirma: afortunado en el juego, desafortunado en el amor. Esta situación sería una consecuencia de la dinámica de la ley del ritmo, la cual actúa también como ley y hace referencia a la compensación, la cual busca el equilibrio entre la capacidad del dolor y del placer, de tal manera, que parece que se paga el precio de cualquier cosa que se posee: se tiene juventud pero no dinero, salud pero falta amor, dinero pero falta salud, etcétera.

Sólo con la espiritualidad es posible neutralizar el impacto del péndulo y evitar el efecto destructivo de la ley de polaridad después de haber obtenido logros y triunfos, es decir, luego de haber disfrutado del lado amable y positivo de la ley del ritmo.

Cuando el alma corre en busca de su origen con conciencia, la mirada se dirige al cielo y el corazón dialoga con Dios, la ley del ritmo no nos toca, pues en Él todo proceso creativo siempre está en armonía con el mundo, en lo alto y con dirección hacia delante, hacia nuestro verdadero hogar, el cual reposa en el corazón de Dios. Con esto podemos observar una vez más la vital importancia que cobra la espiritualidad en cada ámbito de nuestra vida.

Más adelante utilizaremos el pasaporte para abrir la puerta de las revelaciones y así lograr dar los pasos necesarios para realizar procesos creativos sin riesgos, siempre colmados de bendiciones, cuyo pilar más sólido es la espiritualidad. Por el momento, sólo recuerda que estar alentado por el Espíritu Divino es dejar de pensar sólo en ti y procurar en cada paso y en cada oración el bienestar de los demás.

Principio de causa y efecto

> "Toda causa tiene su efecto, todo efecto tiene su causa; todo sucede de acuerdo con la ley. La suerte no es más que el nombre que se le da a una ley no conocida, hay muchos planos de causalidad, pero nada escapa a la ley."

Cada causa tiene su efecto y nada en el universo ocurre por casualidad. Si bien existen muchos planos de causas y efectos, los superiores dominan a los inferiores. Nadie escapa a la ley, todos podemos elevarnos mentalmente mediante los pensamientos y sentimientos desde el plano denso de la materia hasta el plano espiritual, permitiéndonos que Dios, tal como tú lo concibas, se convierta en la causa primera de tus creaciones mentales y de tu propia vida. Te garantizo que así podrás comenzar a experimentar la gloria infinita de saberte uno solo con el espíritu de Dios, hijo amadísimo del Padre: "Y vio Dios, ¡que sus obras eran buenas!"

Y así, pensar los pensamientos de Dios es pensar en lo bueno lo perfecto y lo mejor, no sólo para ti y los tuyos, sino también para cada uno de los amadísimos hijos de Dios. En este sentido cobra gran relevancia lo que pensaba Platón, el gran filósofo griego, alumno predilecto de Sócrates: "Dios no es el creador de todo lo que existe, sólo de todo lo bueno".

El principio de generación o creación

> "La generación existe por doquier; todo tiene sus principios masculino y femenino; la generación se manifiesta en todos los planos."

Este principio señala que en todos los planos de expresión de la Mente Universal, coexisten siempre un principio masculino y un principio femenino. En la mente humana la fuerza o potencial masculino corresponde a los pensamientos, mientras que la fuerza creadora femenina corresponde a los sentimientos. Cuando un pensamiento fecunda un sentimiento y éste abraza intensamente al pensamiento, es decir, lo siente y lo experimenta, se gesta el proceso de la creación o generación. De ahí que, si nuestros sentimientos son de índole negativa, nuestros pensamientos también lo serán y, por tanto, no te debe extrañar que, por atracción y correspondencia, nuestras experiencias materiales posean también las mismas características.

Este principio también hace alusión a que la mente consciente tiene la connotación o fuerza masculina del universo, mientras que a la mente inconsciente le corresponde la fuerza creadora femenina. Por eso la fuerza tremenda de las afirmaciones con repeticiones constantes impacta la mente inconsciente para transformar y trascender la realidad material.

Una vez más, cuando permitimos que los pensamientos divinos sean el principio masculino que fecunde nuestra alma, estamos dando vida a los procesos creativos más trascendentales, que rebasan toda comprensión. Para esto, sólo basta un poco de humildad y reconocer nuestra pequeñez y fragilidad humana, nuestra limitación material y pedir la guía, la orientación divina, y así, con el alma entera, agradecer de antemano lo que ha de venir. Permite que el corazón se regocije cuando invitas a Dios a tu vida, así, sin darte cuenta, estarás abriendo el sendero que te permite descubrir que no estamos solos, que en tu interior se encuentra una grandeza infinita y todas las posibilidades para construir una vida nueva y, sin duda, una mejor.

Capítulo 4

Otras leyes universales que no debes ignorar

La ley de atracción

Primero hablaremos de la tan conocida y poco comprendida *ley de atracción* que, en esencia, plantea que lo semejante se atrae. Esta ley actúa en todos los planos de expresión, no sólo en el nivel mental. Ya Isaac Newton había percibido este fenómeno. Él fue quien descubrió el orden matemático gravitatorio al percibir que "los cuerpos se atraen en el espacio en relación directa a su masa".[1]

Amparados en el principio de correspondencia es viable extrapolar la ley de atracción al nivel de la mente donde, efectivamente, encontramos que los pensamientos y sentimientos tanto negativos como positivos atraen a personas y circunstancias de la misma índole, es decir que, mediante la ley catódica o ley de atracción, lo semejante se atrae. No obstante, podemos observar que la ley de atracción también actúa en otros planos como en los elementos

[1] Citado en Ramón Marques, *Descubrimientos estelares de la física cuántica*, Barcelona, Índigo, 2004.

de la química: hay elementos que se atraen y luego se rechazan (aquí estaría actuando la ley de polaridad y la ley del ritmo).

De ahí que entendamos con mayor claridad como aquéllo que pedí con tanto ahínco y construí con la imaginación en mi propia mente hasta verlo hecho realidad puede chocarme o llevarme de manera inconsciente a la consabida lista de caídas y pérdidas, al lado opuesto de la creación mental original.

Sin embargo hay casos como el de la atracción del hidrógeno (H) y el oxígeno (O), que se atraen y forman el agua en una unión permanente y que parece eterna: H_2O.

Independientemente del curso que tome el agua (lo mismo en el infinito océano, que en una cascada cristalina, que en un río caudaloso o que en una cañería o el canal del desagüe), sigue siendo agua. Tal vez se encuentre sucia o contaminada, no obstante, la unión del hidrógeno y el oxígeno permanece firme. Este líquido vital cuenta con un propósito que incluye a la vida misma y además, en cualquiera de sus manifestaciones, siempre tiene un servicio, una utilidad.

¿Te das cuenta? Aun en este plano de expresión material, la ley de atracción opera también y nos muestra que, así como hay elementos que se atraen y se rechazan con la misma fuerza de la atracción original, también existen otros que permanecen unidos, tanto en las buenas como en las malas. No obstante, lo que los mantiene unidos, en esencia, es el amor, del cual se derivan el servicio a los demás y un propósito que rebasa, y por mucho, la satisfacción personal, la pasión pasajera, pues le sirve a la vida misma. El servicio a la vida y a los demás te permite atraer y mantener lo que el corazón anhela.

El doctor Masaru Emoto nos muestra con bellísimas fotografías, los cristales que forma el agua en respuesta a las palabras, la música, el medio ambiente y las oraciones. En sus estudios nos muestra lo que él considera el más bello de todos los cristales y que es el que corresponde a las palabras *amor* y *gratitud*.[2] Él considera

[2] Masaru Emoto, *Los mensajes ocultos del agua*, México, Alamah, 2005.

que el hidrógeno corresponde a la gratitud, mientras que el oxígeno al amor.

Recordemos que en todos los planos la esencia más sutil de Dios es el amor y la gratitud, un pasaporte automático a la Dimensión de los Milagros, al corazón de Dios.

Con esta breve semblanza nos podemos percatar, una vez más, de la importancia del amor y la fuerza espiritual para construir con nuestros pensamientos, sentimientos e imágenes mentales, sin riesgo de que nuestras creaciones nos lleven al polo opuesto (ley de polaridad) de lo que logramos, ni tengamos que hacer pagos a la vida (ley del ritmo y de compensación), agregando pérdidas y carencias a nuestra ya enorme lista que hemos realizado por inconsciencia y por el afán de obtener sólo logros materiales, los cuales deben obtenerse sólo por añadidura, nunca como nuestro primer, y mucho menos, único objetivo.

La ley del círculo

Esta ley, de la cual nos habla la metafísica, hace alusión a que todo aquello que parte de uno debe regresar, pero siempre multiplicado. De tal manera, que tanto lo bueno como lo malo que siembras con tus pensamientos, sentimientos, emociones, palabras, acciones y, desde luego, construcciones mentales, regresarán a ti.

De modo que, por ejemplo, si tú te encuentras por un lado muy afanoso en construir imágenes de abundancia y mantener una conciencia de abundancia, pero por otra parte robas, mientes y dañas a los demás con tus acciones, no lo dudes, también tú serás robado y la mentira, la traición y el engaño serán los eventos habituales de tu vida cotidiana.

Todo lo que pretendes ignorar mientras intentas tu atención sólo en lo que quieres lograr, te llegará también en abundancia y siempre multiplicado. Por eso es importante ser congruente no sólo con lo que piensas, sino también con lo que dices, con lo que sientes y con lo que haces. Pero, sobre todo, debes mantener el corazón limpio, sin resentimientos ni reclamos a la vida para que la energía cósmica pueda fluir libremente, en armonía con el mundo y de manera perfecta, como perfecto es nuestro Dios.

Procura que todo lo que salga de ti sea siempre para bien y en armonía con el mundo, pues la ley del círculo se encargará de regresarlo a ti y a los tuyos: ¡multiplicado!

Pero no te alarmes ni te angusties, ya que, si a pesar de los errores cometidos hasta el día de hoy, persiste en tu corazón un genuino deseo de cambio y transformación, te aseguro que Dios siempre tiene la mano extendida para invitarte a ponerte de pie frente a la vida para que con conciencia inicies tu regreso a casa, hacia su propio corazón, ¡en el aquí y en el ahora! Te aseguro que no es necesario esperar la muerte para lograr ese reencuentro tan anhelado con nuestro Creador, para expresar la grandeza infinita que se encuentra en tu interior y materializar tus deseos más encumbrados y cristalizar tus sueños.

Así, la grandeza y el amor de Dios son tantos que, cuando tu deseo de cambio y crecimiento es sincero, los errores te son perdonados, transmutados en la ley del perdón y la misericordia divina. Mientras que lo bueno queda almacenado en la memoria del universo, en la Mente Divina y regresa a ti, siempre multiplicado. Tal es el amor que Dios tiene por sus hijos y tal es el impacto de esta ley: la ley del círculo.

Ley de oro

Esta ley hace alusión a que *lo que pides para el otro, lo pides para ti*. Por tanto te brinda una importantísima pauta para obtener logros genuinos mientras te ofrece explicaciones para entender por qué, a pesar de tus múltiples esfuerzos por pensar bonito y las maravillosas creaciones mentales que has generado, los resultados no siempre son los que tú esperabas, y que en muchas ocasiones incluso parecieran contraproducentes.

Y es justo al dejar de lado al egoísmo que nos aísla de los demás, nos separa de nosotros mismos y nos divorcia de nuestra fuente creadora, cuando pedimos por los otros, tenemos acceso en automático a la Dimensión de los Milagros: "Con la medida con que midan se les volverá a medir".[3]

Tú me preguntarás: "¿Qué tiene de malo que yo pida por mi salud, que me imagine sano, que piense solamente en mí?" Y yo, con todo mi amor, te contesto: cuando no das, quitas; cuando no pides por los otros, sin quererlo ni darte cuenta, te conviertes en ladrón de la energía cósmica. Es por ello que en muchas ocasiones no logras tus propósitos, en otras parece que obtienes lo contrario o lo ya sabido: obtienes una, pero pierdes otra o muchas más.

¿Será mucho esfuerzo para ti que, además de reconocer con profunda humildad nuestra finitud y pequeñez humana para descubrir nuestra grandeza interior, también aprendas a ser un poquito generoso y pensar en los demás, en los que menos tienen? No me refiero sólo a los recursos materiales, sino a la carencia más importante, la del conocimiento y la espiritualidad, que son la puerta de esperanza para la humanidad, donde todo, hasta lo que parece imposible se hace posible.

Recuerda: pedir para otros es pedir para ti mismo, es acceder a la Dimensión de los Milagros y conocer el rostro del Creador para convertirte en un maravilloso instrumento de su amor. De tal manera que pedir para otros lo que quieras para ti es el pasaporte que rompe los candados y grilletes de inconsciencia y en esa medida, también estás alimentando tus procesos creativos, tus solicitudes al cosmos, tu petición al Creador con la arrolladora fuerza del amor y de esta manera, siempre en armonía con el mundo y de manera perfecta, como perfecto es nuestro Padre:

- Si pides por tu salud, pide por la recuperación de los enfermos.
- Si pides un carro, pide por que los demás tengan un buen transporte.
- Si pides una casa, pide por que todos los hijos de Dios tengan un buen cobijo y un buen sustento.

[3] *San Lucas* 6, 38.

- Si pides un buen trabajo, pide por que los demás también lo tengan y que mejoren las condiciones laborales para quienes ya lo poseen.
- Pide también por los generadores de empleos, los empresarios, los jefes y los gerentes de las empresas.
- Pide por nuestros gobernantes y todos los gobernantes del mundo.
- Pide por las mascotas, por los animales en cautiverio y por los que se encuentran en su hábitat natural.
- Pide también por nuestro planeta y por que exista paz en el corazón del hijo del hombre, en las familias y entre las naciones del mundo.

Espero que al comprender la magia que ejerce esta ley en el universo evites maldecir a los que parecen tus enemigos, que cuides que tus deseos y pensamientos no dañen a los demás, porque hoy lo sabes: lo que consciente o inconscientemente pides para los demás, regresa a ti siempre multiplicado.

Capítulo 5

La física, la mente y el espíritu

En la actualidad todo mundo habla de la física cuántica y de *colapsar energía*, pero la gran mayoría ni siquiera entiende qué es una onda ni qué es una partícula, mucho menos aún qué significa un *colapso de onda* ni qué vínculo mantienen estos términos con nuestra actividad mental y nuestro quehacer cotidiano. De hecho, Niels Bohr, uno de los grandes teóricos de la física cuántica dice: "Cuando alguien afirma que puede plantearse problemas cuánticos sin sentirse mareado, simplemente demuestra que no ha entendido nada de ellos".

No obstante, a pesar de lo complejo de esta disciplina, como te mencionaba al inicio de este capítulo, todo mundo habla de ella al grado de que ya existen hasta dietas cuánticas, cocina cuántica, medicina cuántica, tal vez haciendo alusión a la gama infinita de posibilidades que la visión cuántica nos ofrece.

Dejando de lado modas y modismos, con base en esta visión de posibilidades infinitas surge la propuesta de un enfoque psicológico conocido como Psicología Cuántica y del Espíritu, de la cual soy pionera y responsable, cuya estructura teórica tiene precisamente a la física cuántica y sus más relevantes principios como uno de sus pilares más importantes, así como la fuerza espiritual y sus leyes universales de las cuales hemos estado hablando.

Sólo que en mi caso, como te comentaba, no fue la moda la que me impulsó hacia la investigación de esta apasionante disciplina, sino experiencias humanas que no lograban encontrar explicación científica en ningún marco teórico conocido. Desde mi punto de vista, ni la psicología, la psiquiatría, la neurología o la medicina clásica lograban explicar el fenómeno emocional, mental y espiritual que se gestaba en el proceso de recuperación de los Alcohólicos Anónimos, a partir de lo que ellos denominan *un despertar espiritual*.

Tampoco encontré explicación afortunada en la filosofía ni en diferentes enfoques psicológicos, vamos, ni siquiera en las diferentes religiones del mundo o en la metafísica. Más bien, encontraba más y más interrogantes y pocas, muy pocas respuestas.

Es por ello que quisiera compartir contigo la inquietud que me llevó a cuestionarme sobre los acontecimientos en el proceso de recuperación de Alcohólicos Anónimos, que fue donde se gestó la semilla que hoy ha dado fruto en el corazón y la vida de muchas personas. Me inquietaba de manera especial lo que ellos llaman un *despertar espiritual* y la enorme diferencia que existía entre este proceso de recuperación y muchos otros que se utilizaban con el mismo propósito: dejar de beber y superar la adicción al alcohol y a otras sustancias tóxicas.

Entre estos recursos también se encontraba el clásico *juramento*, que consiste precisamente en un juramento realizado ante Dios para dejar de beber por un tiempo determinado.

Sin embargo, los resultados eran distintos y sorprendentes. A pesar de que se invocaba al mismo Dios, quien realizaba el famoso juramento, hoy lo entiendo, al dejar de beber sin sanar las fracturas del alma, sin perdonar ni transformar la pesada lápida de la culpa en aprendizaje y responsabilidad, sólo tapaba la botella y, con ello, eliminaba solamente el síntoma, pero no superaba la enfermedad.

De tal manera que, al encontrarse reprimida la obsesión por beber sin enfrentar el ayer ni sanar las fracturas del alma, alentados por el miedo e invadidos por la pesada lápida de la culpa, se presenta aquello que en Alcohólicos Anónimos conocen como *la borrachera seca.* Es decir, otros defectos de carácter se exacerban, se descoyuntan los instintos, aumenta la neurosis y, en muchas ocasiones, el enfermo alcohólico que se encuentra bajo juramento sólo espera a que termine el plazo para volver a la bebida, incluso con mayor intensidad. Por ello, la enfermedad del alcoholismo es progresiva y mortal. Esto significa que no la detiene dejar de beber por un tiempo, aunque éste sea prolongado.

Mientras, el enfermo alcohólico que tiene un despertar espiritual a partir de un *fondo emocional,* como se conoce en el argot de los alcohólicos, inicia un camino de recuperación sorprendente, y evidente, en el mismo instante en que se derrota e invoca a un poder superior, tal como cada quien pueda entenderlo. Esto se observa incluso cuando en muchas ocasiones aun estando peleados y alejados de Él, sin un ápice de fe o sumergidos en un pozo de dolor, desde un fondo emocional se dice, tal vez con otras palabras, pero con la misma intención: "Señor, no te conozco, pero te necesito, te necesito tanto". En ese momento el enfermo, que hasta hace unos instantes era capaz de empeñar el alma, vender a la hija, a la esposa y hasta a la abuelita por una gota de alcohol, refería que la obsesión había desaparecido.

Vale la pena mencionar que este fenómeno se observa todos los días y en casi todo el mundo en los grupos de Alcohólicos Anónimos, tanto en hombres como en mujeres de todas las edades.

Te comento que me sorprendía enormemente esta transformación, casi instantánea que parecía magia, o más bien un milagro. Sin duda, el enfermo alcohólico, después de la aceptación de su manera de beber, de la derrota emocional y de la invocación a un poder superior como cada quien pudiera entenderlo, era la misma persona pero, en realidad, ya no lo era.

Era evidente que algo había pasado en su interior, algo grandioso que lograba arrebatarlo de la prisión de la adicción, *sólo por hoy*. De ahí que sus compañeros de grupo lo invitaban a continuar con su proceso de recuperación, día con día, cada hoy.

Hago hincapié en el hecho de que aquello que llamó con todo su poder mi atención fue precisamente el despertar espiritual, el paso de lo visible a lo invisible, de la materia al espíritu, del corazón humano al corazón de Dios.

En la mayoría de mis libros hago referencia a este aspecto que inicialmente transformó mi propia vida y que constituye el pilar más sólido de la Psicología Cuántica y del Espíritu, enfoque psicológico del cual soy pionera y responsable. Hoy esta filosofía ha transformado la vida de miles de personas y nos ha permitido no sólo abrir la puerta de esperanza y transformación para la humanidad entera, sino que también ha constituido, en esencia, el camino seguro de regreso a casa, al corazón de Dios, tal como tú puedas entenderlo y concebirlo, y descubrir que con Él y en Él, hasta lo imposible se hace posible, que cada sueño tuyo es en realidad el sueño que Dios ha reposado en tu corazón y que sólo espera volverlo realidad.

Después de una larga trayectoria de investigación, hoy entiendo con perfecta claridad, y puedo afirmar con total seguridad, que lo que acontece en esa transformación que parece mágica e instantánea cuando el enfermo alcohólico, por lo general sumergido en el pozo profundo de dolor y sufrimiento, acepta su adicción y se derrota ante el Ser Supremo e invoca su ayuda, es literalmente un *salto cuántico* a la Dimensión de los Milagros, donde se tiñe de la gloria infinita del amor del Padre y retorna a la realidad material libre de la obsesión de beber sólo por hoy.

Vale la pena mencionar que, bajo este procedimiento de recuperación del alcoholismo y otras adicciones, también existen caídas y recaídas, que existen militantes de los grupos de Alcohólicos Anónimos, e incluso grupos enteros, que sólo desplazan la energía hacia otros defectos de carácter, que sólo cubren el síntoma tapando la botella. Es decir, dejan de beber, pero continúan prisioneros de sus propios instintos descoyuntados, del miedo, del resentimiento, de la culpa, de la lujuria, de la codicia y demás defectos de carácter, pero ese no es el tema que pretendo abordar en este libro.

Sólo quiero recordarles a mis amigos, los Alcohólicos Anónimos, el enorme compromiso que tienen con ellos mismos, con la familia y con la sociedad que hoy los necesita, más que nunca, humildes, conscientes y libres, en la libertad gozosa que nos regala el Creador y que les hace saber de mil formas cuánto les ama y que mantiene siempre la mano extendida hacia cada uno de sus hijos sin reclamo, sin reproche y sin condición alguna. Mi deseo para todos ustedes y los militantes de los grupos de autoayuda de los doce pasos y para todo aquél que vive prisionero del ayer es que rompan los grilletes que los mantienen atados a la prisión de la inconsciencia, que recuerden a cada momento que ningún error de antaño tiene el poder de anclarlos a un infierno repetido ni mantenerlos sumergidos en un pozo de dolor y sufrimiento. Te recuerdo que en el amor y la misericordia infinita del Creador eres libre y tienes alas para elevarte y emprender el más alto vuelo, el que te lleva de regreso a casa, al corazón de Dios.

A ti, mi querido lector, te recuerdo también que el propósito de este capítulo es explicar lo que me llevó a incursionar en el apasionante mundo de la física cuántica, ya que, precisamente, al darme cuenta de que aquello que se evidenciaba mediante cada despertar espiritual no podía explicarse mediante ninguna rama del conocimiento humano conocida hasta entonces.

Lo evidente a todas luces era que, después de la experiencia espiritual, el enfermo alcohólico era el mismo, pero ya no lo era. Parecía que algo infinitamente grande había tocado su alma, algo que no puede ser descrito con palabras ni ser explicado por medio de la razón, porque la rebasa, por mucho. Algo o alguien que es amor en su totalidad y que de una manera sutil le ha recordado su verdadera esencia y que es alguien muy especial y que no camina solo, que el hacedor y dador de la vida camina con él.

No cabe duda que detrás de esa experiencia espiritual se encontraba algo grandioso que la razón no lograba explicar. En este sentido valdría la pena recordar lo que Immanuel Kant, uno de los grandes filósofos, postulaba: “El hombre debía ser guiado por la razón”. De esto él hizo toda una apología, no obstante, también reconocía que ésta tenía límites, ya que, cuando pretendía abordar temas como Dios, el alma, la vida y la muerte, “la razón sólo especula, pero no logra explicar, porque no es su terreno de conocimiento”.

Y de eso estoy plenamente convencida: a Dios no se le conoce con la razón, se le vive, se le siente con el corazón y, en muchas ocasiones, es el sufrimiento el que conduce a un severo fondo emocional. De ahí viene la derrota voluntaria –cuando se deja de luchar–, seguida de la invocación al Ser Supremo. Así se obtiene un pasaporte hacia la libertad, un salto cuántico a la Dimensión de los Milagros, que no se encuentra más lejos que el aire que respiras, no más distante que una sincera invocación, una simple y sencilla oración que brota desde lo más profundo del corazón.

Pero, como te menciono, para entender este salto cuántico tuve que recorrer un largo camino, realizar una profunda investigación en diferentes áreas del conocimiento humano que se actualiza y enriquece día con día. Entre estas fuentes de investigación destaca, de manera impactante y especial, la física cuántica.

Más adelante compartiré contigo, con todo mi amor y de la manera más sencilla y accesible posible, los principios y los descubrimientos más relevantes de esta impresionante rama de la ciencia y su vínculo con la dinámica de la mente y nuestra realidad material.

Pero con el fin de comprender mejor el proceso que permite hacer los sueños realidad, las construcciones mentales o imaginaciones en realidades materiales, es decir, el proceso de transformación de la energía en materia, y así entender también el proceso de transformación de la materia en energía pura, considero importante conocer antes algunas ecuaciones físico-matemáticas de la transmutación de la materia en energía para poder extrapolarlas al plano de la dinámica de la mente, amparados por las leyes universales o principios herméticos, como: el principio de correspondencia ("Como es arriba es abajo, como es abajo es arriba"), el principio de vibración ("Todo en el universo está en movimiento, todo vibra") y el principio de mentalismo ("Todo es mente, el uno es mente; en la mente divina navegamos todos").

Esto tiene el fin de lograr una mejor comprensión, con mayor facilidad, y así obtener una panorámica mucho más amplia, no sólo el *mágico* proceso de recuperación de los alcohólicos anónimos, sino también nuestras infinitas posibilidades de transformación, superación y trascendencia.

Pero, antes de introducirnos en el fascinante mundo de la física y las matemáticas, y su inquebrantable vínculo con el plano mental, considero relevante mencionar algunos conceptos de los grandes investigadores de la física cuántica con el fin no sólo de facilitar la comprensión de los acontecimientos que han revolucionado los avances científicos y tecnológicos en el plano físico, sino también de aprestarnos a descubrir y utilizar la infinita gama de posibilidades que se encuentra en nuestro interior, en nuestra propia mente, para clausurar los infiernos conocidos, dejar atrás miedos, violencia, dependencias, neurosis, depresiones y así transformar y trascender la realidad material que nos agobia.

Niels Bohr dice: "El borroso y nebuloso mundo del átomo sólo se proyecta en la realidad concreta cuando se hace una observación". Con este postulado entendemos el impacto de la mente sobre la realidad material y el estrecho vínculo que existe entre uno y otro plano.

Luego, Paul Davies afirma que, así como el universo está poblado de átomos, la mente se encuentra poblada de pensamientos y ambos, tanto el átomo como el pensamiento, son, en esencia, impulsos de energía e información.

Ahora bien, los pensamientos y los sentimientos son los componentes que integran la actividad mental. Ambos son en esencia impulsos de energía e información, ambos contienen una enorme fuerza de atracción. Por otro lado, los sentimientos poseen un potencial infinito de creación y los pensamientos de fecundación. Por eso cuando el pensamiento y el sentimiento se unen comienza el proceso de fecundación o creación mental (ley de generación en el plano mental).

¿Recuerdas el capítulo dedicado a las leyes del universo, en el que se hablaba del género cuando dice que: "el género está en todo, todo tiene sus principios masculino y femenino; el género se manifiesta en todos los planos"? Pues bien, en el plano mental los pensamientos tienen una connotación masculina mientras que los sentimientos una femenina. De tal manera que, por medio de la unión de los pensamientos y los sentimientos es posible construir, tus sueños más encumbrados o los infiernos tanto tiempo conocidos, aquellos que por ignorancia e inconsciencia hemos creado.

He dedicado, más adelante, un capítulo entero para los procesos de generación, pero ahora me interesa que cada paso que des lo realices siempre hacia delante y hacia arriba, hacia el corazón de Dios, que tu conciencia se expanda hasta el infinito. Deseo que lo hagas con confianza, serenidad y la seguridad de que caminamos en un terreno seguro, donde no es posible fallar, pues estaremos utilizando leyes universales que son inalterables y no pueden fracasar, a menos que tú lo permitas. Esto sólo sucede cuando consientes que se instale la duda y con tu llave mágica y tu propio poder personal eliges abrir las puertas del miedo la duda, dando cauce a la fuerza inaudita de la inconsciencia y toda la actividad destructiva que de ella emana.

Para darte una ligera idea del descomunal poder de tus pensamientos y sentimientos y la fuerza creadora de éstos, quisiera recordarte que la luz viaja por el espacio a una velocidad de 300 mil kilómetros por segundo. Albert Einsten había señalado en este sentido que, si algún día el hombre llegara a viajar a la velocidad de la luz, superaría la vejez, la enfermedad y, probablemente, hasta la muerte.[1]

Este postulado, aún cuando hipotético se sustenta en la visión científica de uno de los grandes y más notables hombres de ciencia y coincide con la profecía mesiánica de que el hombre llegará a vencer la vejez, la enfermedad y la muerte. Te recuerdo que la era conocida como *mesiánica* es aquélla en la que el conocimiento de las cosas del Señor poblará toda la tierra.

Pues bien, la Psicología Cuántica y del Espíritu conjunta estos dos medios círculos, ciencia y espíritu, para formar un círculo perfecto, una esfera de infinitas posibilidades y un pasaporte que nos permite traspasar las limitaciones y las barreras del tiempo y el espacio a las que por inconsciencia e ignorancia nos encontramos sometidos y esclavizados.

[1] "Experimento hipotético de los gemelos" en Barbara Lovett Cline, *Los creadores de la nueva física*, México, Fondo de Cultura Económica (Breviarios), 1985).

¿Verdad que todo esto suena fascinante? Pues continuemos adentrándonos en estas maravillosas verdades con la mente y el corazón abiertos para comenzar a estructurar los cimientos de una nueva era, una nueva vida y un mundo mucho mejor, pleno de bendiciones y sueños que se conquistan sin temores ni angustias, sin deudas a la vida y en armonía con los demás, tomados siempre de la mano del Creador.

Bien, permíteme decirte que los pensamientos viajan a una velocidad mucho mayor a la de luz, por lo que ahora sabemos que sí es posible viajar mucho más rápido que un rayo con nuestros pensamientos. Para demostrártelo te pido que realices el siguiente ejercicio:

Graba las instrucciones que a continuación te voy a ofrecer y, con los ojos cerrados, realiza lo que se indica:

> Toma una postura cómoda, de preferencia sentado con la espalda recta, las plantas de los pies bien colocadas en el piso y las palmas de las manos sobre los muslos. Cierra tus ojos y respira profundo. Haz tuyo el aire y exhala suave y lentamente por los labios.
>
> Ahora imagina una luz blanca que viene desde lo más alto y te envuelve formando una burbuja que te eleva hasta el firmamento. En ella das un paseo por las estrellas, te columpias en un rayito de sol y patinas sobre la luna. Observa tus sentimientos, ¿son agradables o desagradables?
>
> Ahora, siempre rodeado y protegido por la burbuja de luz blanca, desciendes a una playa serena y tranquila durante un atardecer. El sol está a punto de desaparecer y te encuentras parado en la arena, experimentando la calidez de la arena mojada en tus pies. También puedes sentir las olas que rompen en tu cuerpo y las experimentas como una caricia del cielo que se lleva dolor, enfermedad, tristeza, sufrimiento.
>
> Ahora te encuentras en un bosque, también durante el atardecer. Es otoño; puedes sentir la caída de las hojas de lo árboles sobre tu cabeza, tus pies descalzos experimentan la sensación de libertad que te regala el pisar las hojas que cubren el piso.

Ahora te encuentras manejando el carro de tus sueños por una autopista. En las orillas hay muchísimos árboles de diferentes tonalidades de verde. Sus ramas y su sombra te hacen sentir protegido, sereno y en paz. Te diriges a la casa de tus sueños. Con tu llave abres fácilmente la cerradura y entras en ella. Te sientes feliz y satisfecho, disfrutas enormemente estar en tu hogar. Te diriges hacia tu sillón preferido y te sientas en él a descansar.

Ahora eres un niño, una niña, y te encuentras jugando en el patio de la escuela primaria con tu mejor amigo o amiga de aquellos tiempos.

Trae ahora a tu mente el recuerdo más triste tengas de toda tu vida. Observa tus sentimientos y el estado general de tu cuerpo. Ahora trae a tu mente el recuerdo más feliz. Siéntelo, disfrútalo y observa tus sentimientos y el estado general de tu cuerpo.

Ahora, da gracias en silencio por este fantástico viaje y respira profundamente, reteniendo el aire un momento. Exhala por los labios con suavidad y lentitud. Respira una vez más. Abre los ojos, sacude las manos y estírate poco a poco. Ponte de pie y camina unos pasos antes de continuar con la lectura.

¿No te parece fantástico? Con el pensamiento has realizado un viaje por el espacio. ¡Incluso te columpiaste en un rayito de sol! Disfrutaste la sensación de estar en una playa en un atardecer y caminaste con los pies descalzos por un bosque en otoño. Pudiste viajar al pasado recordando algún pasaje de tu niñez y jugar con tu mejor amigo de aquel entonces en el patio de tu escuela, experimentaste el dolor y la tristeza, así como la dicha y la alegría por medio de los recuerdos que, finalmente, son pensamientos y sentimientos que viajan hacia el pasado para traerlos al presente. También viajaste hacia el futuro manejando el carro de tus sueños y lograste disfrutar una siesta en el sillón preferido de la casa que, hasta el día de hoy, sólo existe en tu imaginación.

¿Te das cuenta de las distancias, los tiempos y los momentos que lograste abarcar en tan breve tiempo? ¿Te das cuenta de que el pensamiento en realidad viaja a una velocidad mucho mayor que la de la luz? Si bien no resulta fácil cambiar la situación material que estás enfrentando de la noche a la mañana, sí es posible cambiar tu mundo mental. ¡Tú eliges lo que quieres pensar!

Ya sabemos que en muchas ocasiones no resulta sencillo mantener nuestros pensamientos en el lado positivo y amable de la vida, y también es cierto que muchas veces los resultados parecen ser contrarios a lo que esperábamos. No obstante, ahora sabes que hay causas que permanecían ignoradas y que, por su naturaleza, nos conducen una y otra vez a experimentar lo que ya no queremos vivir más. Tal es el caso del resentimiento y la ausencia de perdón: el primero nos conduce una y otra vez, hacia profundos pozos de miedo y soledad, alimentándose del pasado para llenarnos de vergüenza y dolor, y del mañana para nutrir al miedo y generar angustia por lo que pudiera pasar.

Por eso, si realizamos procesos creativos o construcciones mentales sin haber realizado el proceso de perdón, éstas se generarán en la misma frecuencia vibratoria que el dolor y el sufrimiento, por lo que es muy común volver a experimentar emociones semejantes, atrayendo personas y circunstancias similares a las que ocasionaron el daño en aquel ayer.

Ya conoces también algunas de las leyes universales más relevantes y estoy segura que también ya te es posible relacionarlas estrechamente con los resultados de tus creaciones mentales y, por ende, también con tu calidad de vida. Ahora, te invito a utilizar una vez más el pasaporte para acceder a la imponente puerta de la ciencia y el conocimiento y así, penetrar en el fascinante mundo de la física y las matemáticas. No te asustes, tú sólo mantén la mente y el corazón abiertos. Recuerda que en esta apasionante aventura caminamos juntos, tomados de la mano del Creador del Universo.

Capítulo 6

La mente y los principios de transformación de energía en materia y materia en energía

Para caminar por un sendero firme y seguro que nos conduzca hacia la cristalización de nuestros sueños, seguiremos la apasionante ruta que nos permite afirmar con toda certeza que es posible convertir los sueños más encumbrados en realidad material, debemos aproximarnos a los principios físico-matemáticos de transformación de la materia en energía, valiéndonos de uno de los principios herméticos más importantes, el principio de correspondencia ("Como es arriba es abajo, como es abajo es arriba"). Esto significa que aquello que podemos explicar en algún plano se puede extrapolar a otros planos de expresión. Esto nos dice que es posible aplicar los principios conocidos y ampliamente probados de un plano de expresión o realidad hacia otro más complejo. De hecho, este proceso también se utiliza en la extrapolación de los descubrimientos más relevantes de la física cuántica a la dinámica de la mente:

- Una gota en el océano desde luego que no es el océano, pero sí guarda las características que distinguen al mismo.

- Una gota de sangre refleja el estado de salud o enfermedad de todo el sistema.
- El comportamiento de un niño refleja la funcionalidad o disfuncionalidad de una familia.
- Lo que acontece en el núcleo de una familia, es claro reflejo de lo que acontece en la sociedad.
- Lo que acontece en tu realidad material es reflejo de lo que acontece en tu mente.

De esta manera resulta más fácil entender que es posible extrapolar fenómenos que han sido sustentados científicamente y que resultan evidentes en el plano material, en el plano de la mente y en su dinámica particular. Mediante este proceso pretendemos establecer un camino confiable y seguro para cristalizar nuestros sueños. Mientras tanto, nos encontramos apoyados por principios científicos de gran solidez y probados y comprobados una y otra vez. Además de encontrarse cobijados por leyes universales de índole espiritual, que por su propia naturaleza y características son inalterables, es decir, *no pueden fallar*.

Te invito a acceder en la fascinante y reveladora aventura de vincular los principios más relevantes de la transmutación de materia en energía o colapso de energía en su función de arrastre, que es la que nos permite acceder a la Dimensión de los Milagros para llevar a cabo procesos creativos con la energía que emana del corazón de Dios al universo entero y, desde luego, también a nuestra mente.

Como siempre, te pido que abras el corazón y que utilices el pasaporte que te permite el acceso a todas las fuentes de conocimiento, ya que a lo largo de esta trayectoria muchos misterios más te serán revelados. ¿Estás preparado?

Existen tres formas principales de transmutación de materia en energía: *la aceleración, fusión núclear y aniquilación total.*[1]

[1] Véase Shahen Hacyan, *Los hoyos negros y la curvatura del espacio-tiempo*, México, Fondo de Cultura Económica (La Ciencia para Todos), 2005.

En el plano material, la aceleración alude a cuando la materia se coloca en impresionantes aceleradores atómicos y se lleva a la velocidad de la luz. El resultado siempre es el mismo: la materia se transforma en energía y la energía en materia. Con este procedimiento queda una y otra vez demostrada la predicción matemática de Albert Einsten que plantea en su famosa ecuación: $E = mc^2$.

Ahora bien, utilicemos nuestro pasaporte para acceder una vez más a la puerta del conocimiento: ¿recuerdas que los pensamientos viajan a una velocidad mayor que la de la luz? Pues ahora vamos a extrapolar el principio de aceleración al plano mental.

La aceleración en el plano de la mente equivale a tres distintos procesos: *el fondo emocional, la derrota voluntaria,* o *inclinación* ante algo o alguien superior, y *la visualización.*

El fondo emocional se refiere al evento afectivo que se presenta cuando enfrentamos una situación adversa y difícil como una pérdida (de un ser querido, de salud, de trabajo, etcétera), situaciones de violencia, eventos traumáticos repetitivos o todo aquello que violenta nuestro mundo afectivo y nos conduce hasta profundidades donde se experimenta la sensación de ya no poder más.

Ante tales situaciones tenemos la opción de resentirnos y hundirnos cada vez más en un pozo profundo de dolor y sufrimiento o, desde ese punto, en el que se ha bajado el nivel de frecuencia vibratoria de las emociones y sentimientos hasta los niveles más bajos, invocar de manera súbita e inesperada la ayuda o intervención del Ser Supremo, tal como tú puedas entenderlo. En ese instante, casi sin darte cuenta, los niveles de frecuencia vibratoria de tus emociones, pensamientos y sentimientos se elevan hacia los planos espirituales y tocan el corazón de Dios. De ese modo logras penetrar a la Dimensión de los Milagros.

¿Recuerdas el principio hermético de polaridad? Es aquél que hace referencia a los extremos que se tocan y son en esencia lo mismo. De ahí que, mediante el fondo emocional y la invocación del Ser Supremo, es factible ir de la oscuridad a la luz, de la materia al espíritu, de lo visible a lo invisible, de la esclavitud a la libertad, de la tristeza a la alegría, de la enfermedad a la salud, etcétera.

Desde luego que no es necesario el sufrimiento para dar el salto cuántico de la materia al espíritu, pero si la adversidad, el momento difícil o el ramalazo ya llegó, no te quedes tirado en la lona. Mejor dale un sentido y aprende a voltear al cielo e invocar la guía y protección de Dios.

No obstante, te aseguro que mientras incursiones en la Dimensión de los Milagros y aprendas a ver el mundo, a ti mismo y a los demás como nos ve Dios, la adversidad será cada vez menor y más lejana. Es decir, ésta ya no será tan frecuente en tu vivir diario. Así te darás cuenta de que no es necesario el dolor ni el sufrimiento para penetrar a esta maravillosa dimensión.

También tienes como recurso la derrota voluntaria o inclinación (función onda). Este proceso mental consiste precisamente en aceptar, voluntariamente, nuestra limitación y fragilidad humana ante el poder y majestuosidad del Ser Supremo. Para ilustrar esto quisiera ponerte un ejemplo: cuando se presenta el ramalazo, un diagnóstico fatal, la amenaza de una posible devaluación, la pérdida de un ser querido, etcétera, acepta ("Señor, ésta es mi situación"), derrótate voluntariamente ("Yo no puedo con esto, es demasiado grande para mí"), invoca ("Señor, te necesito, no me dejes solo"), entrega ("Te lo entrego a ti, con inmensa fe y con todo mi amor"), abandónate ("Tú estás a cargo, todo está bien, confío en ti") y agradece ("Gracias, Señor, porque siempre me escuchas, porque siempre respondes").

Cuando los pensamientos de duda y preocupación aparezcan en tu mente, sólo repite: "Dios está a cargo, todo está bien. Señor, yo confío en ti". Pronto verás que las cosas toman un cauce diferente, que todo se acomoda y obra para bien.

La visualización es el proceso donde construimos imágenes, utilizando la energía de los pensamientos. Recuerda que los pensamientos viajan a una velocidad mayor que la de luz. De tal manera la construcción de imágenes concentra energía a una velocidad muy superior a la de la luz, que transmuta la materia en energía pura y, por ende, lo que se visualiza es posible transformarlo en realidad material mediante el colapso de energía en la función de frenado, que es cuando, en este caso, se logra la concentración y la atención.

Es probable que esta transmutación no se logre al instante, ya que, como cuando siembras una semilla en la tierra, ésta toma su tiempo para florecer. Pero no lo dudes, lo que puedes imaginar es posible hacerlo realidad, siempre y cuando mantengas tus sentimientos y pensamientos en armonía y congruentes con la construcción mental original. Una manera muy sencilla para lograr este propósito es agradecer como si lo que deseas y visualizas, fuera ya realidad. Así, imaginar lo que deseas lograr, sentirlo intensamente y agradecer profundamente equivalen al proceso de aceleración para transformar e ir de la materia, o actividad corpuscular de la mente, a la fuente de energía pura. Entonces, mediante la atención, concentración de pensamientos, la fuerza creadora de los sentimientos y la gratitud por lo que crees que ya es una realidad (la fe) permite que la energía se colapse en materia o, para ser más claros, que tus deseos se hagan realidad. No lo dudes, la visualización es un camino seguro para convertir tus sueños en realidad y la gratitud un ancla en el corazón de Dios.

Más adelante, en el capítulo dedicado al proceso de visualización, ejercitaremos este maravilloso recurso.

El siguiente proceso de transmutación de materia en energía y la energía en materia es la fusión nuclear. En el plano físico se refiere a cuando se une un núcleo negativo con otro positivo. Esto genera la liberación de la energía y el desplazamiento de la misma que se manifiesta como explosiones o bombas atómicas. En la mente equivale a cambiar un pensamiento (fuerza generadora) o sentimiento (fuerza creativa), los elementos básicos de la creación, con índole negativa por otros de características positivas. Así, por un momento se logra un evidente cambio, pero después se observa una *explosión*.

Para ilustrar esto imagina el caso cuando te sientes furioso y comienzas a repetir: "Estoy tranquilo, estoy tranquilo". De momento es probable que en realidad experimentes tranquilidad, pues has realizado una fusión nuclear. Esto quiere decir que has cambiado un estado afectivo negativo o desagradable por otro positivo y agradable. Lo grave es que la energía desplazada, más adelante, se manifestara como ira ciega. De igual manera, el alcohólico o el adicto que sólo dejan de consumir tóxicos o sólo tapan la botella desplazan la energía hacia otros defectos de carácter como la ira, la codicia, la lujuria, etcétera, generando neurosis y depresión, o lo que en Alcohólicos Anónimos se conoce como *borrachera seca*.

La ignorancia y la descomunal soberbia que nos caracteriza como humanidad nos han llevado a generar desplazamientos de energía que se manifiestan como explosiones de bombas atómicas de violencia, adicciones, corrupción etcétera. Tal es el caso de lo que conocemos como pensamiento positivo, el cual lleva más de 100 años de permanencia, principalmente en Estados Unidos, donde conoció su gran auge. Pero al dejar de lado lo espiritual, sólo hemos logrado desplazar la energía hacia la fuerza caótica y destructiva de la materia. Es por ello que te pido que pongas gran atención al siguiente proceso de transmutación:

La aniquilación total en el plano físico puede observarse cuando se coloca materia con antimateria. El efecto es sorprendente, pues se obtiene la aniquilación total de la materia, dejando tras de sí sólo energía pura.

En la mente equivale a anteponer a los pensamientos y sentimientos materiales por aquéllos de índole espiritual. Por ejemplo: mientras te sientas enojado y furioso, acepta tu estado emocional diciendo: "Estoy furioso". A este pensamiento agrega: "Dios es paz, Dios está en mí, yo soy paz". Casi al instante observarás una gran tranquilidad que te invade y una paz que rebasa toda comprensión. En este caso el estado afectivo desagradable ha desaparecido totalmente dando paso a un estado afectivo diferente en el que prevalece la armonía y la paz.

De igual manera, tanto el alcohólico, como el adicto, el neurótico, el comedor compulsivo o cualquier persona con algún problema humano, por difícil que éste parezca, cuando acepta con profunda humildad su problemática y su incompetencia para resolverlo por sí mismo e invoca a Dios, logra eliminar obsesiones, adicciones y sobrellevar cualquier problema, por difícil que éste parezca. Aun cuando el trabajo es de todos los días, hacerlo tomado de la mano del Ser Supremo hace una enorme y maravillosa diferencia.

Una vez más vemos la enorme relevancia de la fuerza espiritual, no sólo en nuestras creaciones mentales, sino en nuestra vida cotidiana. Ya no podemos ignorar que Dios, tal como tú lo concibas o entiendas, es la fuente generadora de toda la vida y que sólo en Él y con Él lo imposible se hace posible.

Es cierto que ante la inmensidad del universo, también nosotros somos partículas diminutas sólo que, en vez de acercarnos y nutrirnos de la fuente generadora de vida, giramos como satélites alrededor de todo aquello que nos desgasta y nos minimiza. Vivimos de las cosas materiales que guían nuestra existencia, nos engolosina el poder creativo de nuestra mente y, frecuentemente, se nos olvida nuestra verdadera grandeza interior, nuestro nexo eterno con lo supremo.

Con la extrapolación de las fórmulas físico-matemáticas de materia en energía y energía en materia a la dinámica mental, espero que haya quedado claro que son muchos los caminos que nos invitan a conseguir nuestras metas, pero sólo el que lleva un componente espiritual garantiza el logro genuino; el que te permite crecer como ser humano y manifestar lo divino, en el aquí y el ahora, en este plano material. No hay duda, sólo cuando existe una apertura del alma es posible caminar hacia delante y hacia arriba, hacia el corazón de Dios. De otra manera, ahora lo sabes, damos un paso para adelante y 20 para atrás, nos convertimos en *triunfadores* en algún aspecto de nuestra vida pero perdedores en muchos otros.

Las situaciones que en la actualidad enfrentamos como humanidad nos deben invitar a la reflexión y a la transformación. Basta de luchar los unos contra los otros, dejemos de lado la soberbia, la envidia y los celos que nos llevan a desgastantes luchas de poder en las que se pretende demostrar quien es el mejor, el número uno, y otorguémosle ese papel a Dios, tal como cada quien pueda entenderlo. Preocupémonos y ocupémonos mejor por brindarle un servicio a la vida y tratar de ser útil a los demás, buscando el reino de Dios y su justicia y ver cómo la añadidura prometida colma nuestra vida de bendiciones. ¡Es tiempo de despertar!

Capítulo 7

La física cuántica: un poco de historia

En el 1927, en Bruselas, surgió *La interpretación de Copenhague de la mecánica cuántica,* donde se originó la revolución conceptual más importante de todos los tiempos. Una revolución silenciosa que impactó a todas las esferas del conocimiento humano. A esta interpretación también se le conoce como *la revolución cuántica de 1927* o *la revolución de la nueva física*, misma que con profundos y serios fundamentos científicos destaca dos puntos que son los pilares más relevantes de esta fascinante rama de la ciencia:

1. El papel que juega la conciencia humana sobre la realidad material. Si entendemos a la conciencia como la capacidad de *darse cuenta* por medio de la atención, la observación, las creencias y los pensamientos en general. En este sentido, uno de los grandes físicos, Niels Bohr, uno de los principales promotores de esta nueva visión de la física señala que "El borroso y nebuloso mundo del átomo sólo se proyecta

sobre la realidad material y concreta cuando se realiza una observación".[1]

2. Absolutamente todo lo que podemos percibir a través de los cinco sentidos proviene del vacío, de la no materia (para David Bohm, del campo súper implicado, para Broglie, del campo supracuántico o campo puro, para Ramón Marques, campo primordial, puro o esencial, para tu servidora, la Dimensión de los Milagros o la mente infinita del Padre o el corazón de Dios, tal como cada quien pueda concebirlo y entenderlo), que puede equipararse con un enfoque metafísico si lo entendemos como el Santo Grial o la tan anhelada Piedra Filosofal.

Estos dos puntos determinantes de la física cuántica han revolucionado todas las áreas del conocimiento humano y pueden resumirse de la siguiente manera:

1. El innegable impacto de la mente humana sobre la realidad material.
2. La existencia de una fuerza sutil e intangible que se considera como el vacío, la no materia o fuerza espiritual que, en esencia, es la fuente generadora de todo lo creado y aún no creado. Es una fuerza invisible o, como dirían los físicos, un campo vibratorio en expansión, un campo supracuántico o campo puro y esencial del que emerge toda la creación.

En cuanto al primer punto, Paul Davies señala: "El hombre vuelve a tomar importancia en el esquema de las cosas". Desde mi punto de vista, es una enorme responsabilidad, misma que se aligera por el enorme privilegio de saber que somos mucho más que materia y que quien hizo mar, cielo y tierra ¡está siempre contigo!

De tal manera, el uso consciente y disciplinado del potencial de nuestra propia mente nos abre un camino de infinitas

[1] Paul Davies, *Dios y la nueva física*, México, Salvat, 1988.

posibilidades, pero también nos exige asumir una actitud responsable de nuestros pensamientos, sentimientos, palabras, acciones, elecciones e intenciones.

Lo más importante desde mi perspectiva es la necesidad y la oportunidad que tenemos como humanidad, tan convulsionada hoy en día, para retomar la avasalladora fuerza del espíritu y así darle vida a las promesas mesiánicas (*Isaías* 11, 2-9: "Pues no obrarán mal ni causarán daño en toda mi montaña santa; porque llena está la tierra del conocimiento del Señor"). Así, con plena conciencia, podremos utilizar el pasaporte para abrir las puertas del cielo, para construir la vida que quieres vivir, forjar el mundo que anhelamos y devolverle a nuestros hijos, a nuestros nietos y a los seres humanos que han de venir después de nosotros, no sólo el acceso a la esperanza, sino el camino seguro para conquistar sus anhelos más encumbrados y darle vida a sus sueños, que en realidad son los de Dios, que han reposado durante tanto tiempo en el corazón del hijo del hombre para darles vida en el aquí y el ahora, en nuestra realidad material y cotidiana.

Capítulo 8

Los postulados más relevantes de la física cuántica

Uno de los puntos medulares en la investigación de la física cuántica era la discusión sobre si la naturaleza de la luz era de onda o de partícula. En este sentido, uno de los experimentos más impactantes en esta maravillosa línea de investigación es la corriente electromagnética: ¿es un onda o una partícula?

En algún momento de esta apasionante trayectoria histórica, uno de los más grandes e importantes teóricos de la física cuántica, James Maxwell, vislumbró en su teoría electromagnética que la función de onda y la función de partícula no son incompatibles.

No obstante, es Max Planck quien buscando el fallo y la solución a la gran interrogante sobre si la naturaleza de la luz era de onda o de partícula llegó a la conclusión de aquello que hoy se conoce como la piedra angular de la física cuántica: "La energía se desprende, no en forma continúa, sino en paquetes separados". A esos paquetes de energía se les conoce como *cuantos*, que son las partículas más diminutas de la materia. Estas partículas se conocen como fotones, en el caso de la luz. En este sentido Planck afirma que la energía de un fotón depende de la frecuencia vibratoria de la onda luminosa. ¿Te acuerdas del principio de vibración?

Mientras más alto es el nivel de frecuencia vibratoria de la onda luminosa de la que emerge, mayor es la energía de la partícula.

No te desesperes ni le *cambies de canal*. Si hasta este momento estas aportaciones científicas te parecen aburridas o lejanas a nuestro contexto cotidiano, más adelante, cuando realicemos un análisis meticuloso de los más importantes descubrimientos de la física cuántica y su vínculo con la dinámica de la mente y, por ende, con la realidad material, te vas a sorprender.

Pero continuemos con la reseña de los descubrimientos más relevantes de la física cuántica.

La propuesta de Max Planck acepta y explica el carácter corpuscular de la luz y también incluye el comportamiento ondulatorio al introducir el factor de frecuencia vibratoria. Una vez más, ¿recuerdas el principio hermético de vibración? ¡Todo vibra, todo está en movimiento!

Te pido una vez más que no te desesperes, muy pronto te darás cuenta de la importancia de estos descubrimientos científicos y su estrecho vínculo con la Psicología Cuántica y del Espíritu y, por tanto, con las infinitas posibilidades de cambio y superación que se encuentran en tu interior.

Así que continuemos con los avances científicos que le dieron vida a la nueva física, que ha trastocado todas las áreas del conocimiento humano y nos ha llevado a experimentar la más importante revolución conceptual en toda la historia de la humanidad, pues nos abre un insospechado e infinito campo de superación y trascendencia.

Por su parte, Heisenberg, mediante el *principio de indeterminación* o *de incertidumbre*, afirma que resulta imposible determinar la posición o el *momento* de una partícula en forma exacta y en un tiempo concreto. Esto significa que "cuando más definida esta la posición de una partícula, menos lo está en su momento o movimiento. Y de igual manera, cuando más definido está el movimiento, menos lo está en su posición". En otras palabras, la partícula puede encontrarse, ya sea en su función de partícula o en su función de onda, pero no en ambas. Para pasar de un estado de onda a partícula o de partícula a onda, se requiere una frecuencia vibratoria particular (Broglie).

Por otro lado, la ecuación de onda de Schrödinger, también conocida como función onda, es una realidad matemática y probabilística que, de hecho, es una realidad mágica y misteriosa que obedece a unas variables ocultas no locales, y a un carácter indetectable hasta que se encuentra el sistema de medida o el receptor adecuado, ya que sólo entonces sucede el colapso de onda. Es en ese salto o proceso de reducción cuando el complejo vibratorio se comporta como una partícula sin transfromarse en materia. En esencia sigue siendo una onda luminosa que se comporta como una partícula, como algo diferente sin dejar de ser ella misma. ¿Ya vas entendiendo de que se trata?

En realidad, la función de onda consiste en la inclinación o *derrota* de una partícula o un grupo de las mismas que siguen a la primera para penetrar al campo mágico y fantasmagórico de la energía pura y salir transformadas mediante un salto cuántico en el que *son las mismas, pero ya no lo son.*

¿Te das cuenta? Sucede lo mismo que con el enfermo alcohólico: después de un fondo emocional que lo lleva a la derrota, lleva a cabo una inclinación o función de onda, igual que las partículas más diminutas de la materia, y del mismo modo que éstas penetran a la Dimensión de los Milagros, en la cual se tiñen de la gloria que emana de la fuente generadora de vida y en un instante perciben que su obsesión por beber ha desaparecido sólo por hoy.

Si bien estos fenómenos, tanto el de las partículas más diminutas de la materia, como el del alcohólico que por medio de un fondo emocional o derrota voluntaria, logran penetrar al vacío, a la no materia o para ser bien claros, a la Dimensión de los Milagros, no pueden percibirse por el ojo humano ni por ningún tipo de tecnología por más avanzada que ésta sea. Aunque sí es viable y evidente para los ojos y la razón humana mediante sus efectos. Entre los destacados se encuentra el hecho de que a simple vista, tanto las partículas como el enfermo alcohólico, son los mismos, pero ya no lo son. Es algo sutil e invisible lo que les ha concedido la fuerza de la transformación y, por ende, también de la trascendencia.

Hoy estoy totalmente convencida de que el despertar espiritual o invocación a un poder superior, como cada quien pueda entenderlo, a partir de la aceptación del problema de beber y la derrota ante la propia limitación humana constituyen un salto cuántico a la Dimensión de los Milagros, donde el enfermo alcohólico, por un instante, se tiñe de la gloria del Eterno y conscientemente regresa a la realidad material en donde refiere que la obsesión por beber ha desaparecido y que le invade una desconocida e infinita sensación de paz: es el mismo pero ya no lo es.

Este proceso, que despertó en mí una profunda inquietud y mil preguntas sin respuesta, me impulsó a investigar en diferentes áreas del conocimiento humano. Hoy, con una trayectoria de más de 25 años de investigación continua y actualizada que ha conformado el paradigma de la Psicología Cuántica y del Espíritu, te la entrego con infinito amor. Es el pasaporte para acceder a la infinita gama de posibilidades que se encuentran en ti para romper adicciones, eliminar apegos, sufrimiento y así, consciente, libre y responsable, logres cristalizar tus sueños más encumbrados sin dañar a los demás, sin deudas a la vida y siempre en un camino en dirección al cielo hasta tocar el corazón de Dios.

Ahora te invito a realizar el recorrido histórico que llevó a los físicos a la conclusión de que la corriente electromagnética puede ser tanto onda como partícula, sólo que en momentos diferentes. Recuerda que en aquel entonces esta posibilidad no sólo parecía remota, sino también imposible. No obstante, con este descubrimiento, fundamentado científicamente, se abre un manantial inagotable de infinitas posibilidades que permite estructurar una cosmovisión que rebasa los límites que la materia define y que hoy nos permite disfrutar de las inagotables bondades que la tecnología nos ofrece.

Si nos afianzamos en las leyes espirituales universales y los principios herméticos, que ya comentamos en capítulos anteriores, podemos realizar con confianza una extrapolación de los principios más relevantes de la física cuántica al plano mental y su dinámica particular. Recuerda que "como es arriba es abajo, como es abajo es arriba".

Esto también significa que en nuestra mente se abre una infinita gama de posibilidades. Si a nivel material se han logrado avasallar las fronteras de lo imposible, imagina todo lo que podemos lograr con la mente, a la cual le corresponde un plano de energía muy superior que al de la materia. De hecho, recuerda que son los pensamientos los que le dan forma a la materia, y lo más importante, cuando con plena conciencia y voluntad se unen nuestros pensamientos y sentimientos a la fuerza del Espíritu Divino, la fuente generadora de toda la creación, es cuando vemos lo que en realidad somos y lo que podemos ser. Es retomar el camino del cual nos habíamos extraviado, iniciar el regreso a casa, al corazón de Dios.

Ahora ya lo sabes, hemos generado y repetido infiernos por desconocimiento, por inconsciencia, por ignorancia; hemos permanecido esclavos y prisioneros de la tendencia caótica y destructiva de la materia porque se nos olvidó voltear al cielo y platicar con Dios. Yo te invito a que, con amor y gratitud infinitos, tomes tu pasaporte, el que desde siempre se encuentra grabado en tu corazón, y rompas candados y grilletes para abrir la puerta del conocimiento y penetremos a la esfera de la ciencia, renovando el amor y la gratitud y tendiendo un puente que la vincule con la esfera de la espiritualidad.

Así que, si tú lo permites, adentrémonos a ese extraordinario mundo de la ciencia que en ocasiones parece impenetrable. Pero recuerda que ahora lo haremos bajo la guía divina, manteniéndonos humildes y agradecidos con quien le debemos todo, recordando nuestra enorme limitación humana y material, pero también nuestra infinita grandeza en Él y con Él.

Para esto te pido que en silencio invoques al Ser Supremo, que le pidas guía, orientación y comprensión. Así mismo, que pidas que todos los tesoros que van a ser revelados para ti, puedan ser siempre utilizados para bien, para forjar una nueva tierra, una vida y un mundo mejor, no sólo para ti y para los que amas, sino también para cada uno de los hijos amadísimos de Dios. ¿Estás preparado?

Como te lo ofrecí, iniciemos juntos este apasionante recorrido histórico:

¿Cómo surge esta nueva visión de la física cuántica? Niels Bohr, uno de los grandes de la física, también galardonado con el premio Nobel de física en 1922, afirmaba: "Los átomos siempre se encuentran en *estado fantasmal* hasta que el observador los materializa a través de la atención".

Esta visión parecía descabellada en aquellos tiempos. Era imposible siquiera atreverse a pensar en este postulado, a pesar de que desde 1900 Max Planck ya había abierto un camino hacia una cosmovisión de infinitas posibilidades cuando postuló que la corriente electromagnética o la energía viajaba en paquetes separados que pasaron a denominarse *cuantos*, de ahí el nombre de física cuántica.

Albert Einstein, a quien junto con Planck podría considerarse como el padre de la nueva física, afirmó que, tal como lo postulaba Planck, la luz se comportaba de manera corpuscular. Es decir, la luz se comportaba también como partícula. Cabe mencionar que este trabajo conocido como *el efecto fotoeléctrico de la luz* le valió a Einsten el premio Nobel de física en 1921. No obstante, Planck jamás quiso renunciar a la física clásica y Einstein, quien amplió y generalizó los postulados de aquél respecto a los cuantos, se apartó del camino que seguirían la mayoría de los físicos más destacados de aquella época.

Estas investigaciones causaron un gran revuelo en la comunidad científica de aquellos tiempos, a tal grado que, alentados por las propuestas de Bohr de reunirse en Bruselas en 1927, y con aportaciones científicas de gran calibre y enorme trascendencia, lograron estructurar *la nueva física*.

Pero para llegar a ello hubo que recorrer un largo camino paso a pasito, demoliendo fronteras, generando grandes cúmulos de dudas e incertidumbres, rompiendo paradigmas y añejas, estrictas y limitadas estructuras de conocimiento.

Así, en aquellos momentos se fue estructurando un *laberinto de Adriana*. Hoy recorreremos ese mismo camino y con el *Pasaporte a la Dimensión de los Milagros* abriremos la cámara de las revelaciones de los misterios del universo y los magníficos recursos que yacen dentro de ti mismo, en tu propia mente para forjar, en el aquí y ahora, una vida más libre, más digna y mejor. Recuerda: tú eres criatura amadísima de Dios, en ti se encuentran todas las posibilidades de transformación, de transmutación y de creación. ¡No lo dudes!

Capítulo 9

Un viaje a través de la historia

Abriendo la dimensión del pasado

Antes de incursionar en el fascinante mundo de la investigación y la ciencia, considero importante recordar que todos los experimentos y hallazgos estelares de la física cuántica se han realizado sobre el comportamiento de la corriente electromagnética. Te preguntarás: "¿Eso a mí qué?" Pues precisamente que, al ser tú también parte del universo, en ti fluye a raudales dicha corriente. De hecho, Albert Einsten decía: "Todo en el universo es energía". Al ser tú habitante distinguido de este universo, ¡también eres energía!

¿No te sorprende el hecho de que en algunos estudios de gabinete como el electroencefalograma, el electrocardiograma, etcétera, lo que aparece son peculiares trazos eléctricos? ¿Te has cuestionado de dónde sale esa corriente? ¿A qué inagotable fuente de energía nos encontramos conectados? Desde luego existen teorías bioquímicas y fisiológicas que pretenden explicar la actividad electromagnética en nuestro cuerpo, pero espero que tú ya hayas rebasado esta visión reduccionista y por lo menos aceptes la posibilidad de que somos mucho más que materia. En realidad, somos una amalgama perfecta de cuerpo y espíritu, de materia y energía, de nada y eternidad.

Si ya está sembrada en ti la semillita de la duda y comienzas a sentirte parte primordial del universo que el Creador nos regaló como hogar, te aseguro que ya estás preparado para incursionar en la fascinante aventura hacia el pasado y abordar la dimensión del ayer.

Hace mucho tiempo, un filósofo presocrático, Empédocles, conocido como un gran sabio (para muchos también era un gran mago pues manejaba la energía de una manera fantástica), afirmaba –tenía una gran visión– que había cuatro elementos en la naturaleza: el agua, el aire, la tierra y el fuego. Postulaba además que todo cambio podía explicarse mediante la separación o unión de estos cuatro elementos. En este sentido, decía que el amor unía y el odio separaba. Mencionó también que la corriente electromagnética era una especie de ondas que viajaban a través de un fluido, es decir, que tenía una característica ondulatoria.

Extrapolando estos principios a la dinámica de la mente humana, entendemos que la energía que fluye naturalmente en forma de ondas o de energía pura de la Mente Divina, del corazón de Dios, tal como tú puedas entenderlo, lista para que tus pensamientos y sentimientos le den forma.

¿Te cuesta trabajo aceptarlo? No desistas, continúa la lectura y no dejes jamás de sorprenderte.

Déjame decirte, como un dato al margen, que Empédocles llegó a manejar con tal destreza y sabiduría las fuerzas de la naturaleza que la gente de aquel tiempo lo consideraba un mago y un gran sabio. Pero a él esos calificativos le parecían poca cosa, pues alentado por la soberbia, lo que nos pierde a los seres humanos y nos lleva una y otra vez al despeñadero, lo impulsó algún día a desafiar a la naturaleza y a decir que él era un dios, que penetraría al volcán Etna y saldría ileso. Bueno, pues lo seguimos esperando. Lo único que salió fue una sandalia, y de Empédocles no se volvió a saber nada. Recuerda: la soberbia nunca es buena consejera.

Continuemos nuestro apasionante viaje hacia el pasado hasta la época de la ciencia moderna en la cual, Isaac Newton, es considerado *el grande entre los grandes*. Tal vez era porque siempre se mantuvo humilde al afirmar que había llegado a los descubrimientos que en aquel tiempo también fueron revolucionarios y transformaron la visión que se tenía del universo. Él retomó conceptos, principios y postulados de Kepler, Copérnico y Galileo, y estructuró la mecánica o física clásica, cuya visión dominó el pensamiento humano durante varios siglos. La teoría newtoniana reconoció la naturaleza de la luz como corpuscular, es decir, como partículas. No obstante, el fenómeno de la difracción de la luz, propio del fenómeno ondulatorio, lo llevó a aceptar que la luz, aun cuando es de naturaleza corpuscular, mostraba un efecto vibratorio asociado.

Si extrapolamos estos principios a la dinámica de la mente, es viable entender que la energía que emana de la Mente Divina fluye en nuestra propia mente como energía pura en forma de ondas. No obstante, esta energía, mediante algún fenómeno vibratorio particular inherente a nuestra propia dinámica mental (cuando entra el miedo, el resentimiento, la envidia, la soberbia o alguno de los componentes del inconsciente), la energía original que fluye como ondas se colapsa y se comporta corpuscularmente, es decir, como partículas. Es entonces cuando los pensamientos, sentimientos y emociones adoptan un comportamiento individualista, dual, caótico, dependiente y destructivo.

Desde el punto de vista de la Psicología Cuántica y del Espíritu, es cuando se encuentra activo el subconsciente, apegado a la materia y nutriéndose del ayer y del mañana. Los pensamientos que fluyen en esta dinámica nunca se ubican en el momento presente, generando ansiedad, depresión, neurosis y adicciones. Vivimos distraídos, ausentes del aquí y el ahora, avergonzados y atemorizados por el ayer y eternamente preocupados y angustiados por el mañana.

Mientras los pensamientos y sentimientos se mantengan en armonía, se vivirá y se disfrutará el presente; se pensará en los demás antes que en uno mismo y la energía divina fluirá en forma de ondas, pues se encuentra activo el supraconsciente, donde fluye a raudales la fuerza espiritual que emana de la Mente Divina, del corazón de Dios.

También en la mente hay dos potencias o formas de manifestación de la energía que emana de la Mente Universal:

- *Una espiritual,* que alimenta el nivel supra consciente. Tanto los pensamientos como los sentimientos fluyen como ondas que generan paz, armonía, sabiduría interior, salud y, por ley de atracción, atraen personas, recursos y circunstancias que son una bendición para quien tiene el privilegio de vivir alentado por la energía divina o fuerza espiritual.
- *Una corpuscular,* en la que los pensamientos y sentimientos actúan como partículas, chocando unos contra otros en una actividad por completo individualista que genera dualidad, caos, destrucción, neurosis, depresiones, adicciones, enfermedad, dolor y sufrimiento. Y por tanto, también atrae a personas y circunstancias que generan conflicto y sufrimiento.

Continuemos nuestro recorrido histórico. La mecánica de Newton fue desarrollada con base en el estudio y la observación de las partículas. El electromagnetismo de Maxwell, otro de los grandes de la física, lo hacía de acuerdo a las ondas y percibía ya un comportamiento dual que hasta ese entonces permanecía desconocido. Einstein, por su parte, descubrió que la luz se comportaba, en algunas ocasiones como una partícula y, en otras, como una onda. Sus contemporáneos se hallaban influidos por el paradigma de que no era posible tener lo uno y lo otro, por lo cual este descubrimiento y su posterior demostración colocaron a Einstein por encima de ellos y revolucionaron por completo la visión del mundo de aquellos hombres y sus pensamientos que fueron la base y la estructura del pensamiento general que guio a la humanidad durante siglos.

Einsten veía a la luz con un carácter ondulatorio pero de naturaleza corpuscular. Sin embargo él también ya vislumbraba un complejo vibratorio en esta corriente electromagnética y decía que aunque veía corpúsculos –esto es, partículas en la corriente electromagnética– la luz solamente se propagaba en ondas. Entonces infería que también tenía un carácter ondulatorio y un complejo vibratorio complementario.

Estos avances científicos realmente desconcertaban a los investigadores de aquellos tiempos. Aceptar que la luz podía comportarse como onda o como partícula parecía más ciencia ficción que ciencia real y tangible. Hoy en día ya nadie cuestiona estas propuestas. De hecho toda la tecnología de la cual podemos disfrutar en la actualidad parte de estos conceptos. La energía que fluye como ondas puede transformarse en partículas, es decir, se convierte en materia por medio de un complejo vibratorio o un campo vibracional en expansión.

Si todos estos descubrimientos alusivos al comportamiento de la corriente fotoeléctrica generaban desconcierto, incredulidad y grandes polémicas que dividían la opinión de los grandes, imagina el impacto que causa en la actualidad cuando se propone que en la mente también sucede lo mismo; que es posible transformar los pensamientos (energía) en realidad material (partículas). Ya lo habían propuesto grandes pensadores y hay muchas corrientes que hablan de la capacidad creativa de nuestra propia mente, sólo que ahora, con los postulados de la Psicología Cuántica y del Espíritu, podemos entender que no se pueden generar creaciones mentales mientras los pensamientos y sentimientos se nutren de la actividad subconsciente por donde fluyen como partículas ignorando las leyes espirituales, en especial la ley del ritmo (que señala que después del día viene la noche; las olas que van regresan; lo que sube baja, etcétera), lo que propicia que después de haber conseguido lo bueno viene lo malo. Es muy frecuente conocer personas muy exitosas en algún ámbito y que experimentan verdaderas tragedias en otras áreas de su vida. Para ilustrar este fenómeno ya te he mencionado la conocida frase de la sabiduría popular: *afortunado en el juego, desafortunado en el amor*.

Hoy ya no tenemos que correr esos riesgos. Te aseguro que es posible emprender un genuino vuelo de libertad, transformación y trascendencia a través de la propia expansión de nuestra conciencia con la cual es posible alcanzar el corazón de Dios. Ya no debemos *pagar* nuestros intentos de crecimiento ni emprender vuelos de papalote; es decir, volar alto para luego vernos caer, columpiarnos en las estrellas y luego *trapear el mar*.

Una de la propuestas más importantes de la Psicología Cuántica y del Espíritu es precisamente realizar procesos creativos que nos permitan recobrar nuestra dignidad como seres humanos, alcanzar nuestra verdadera dimensión y descubrir nuestro infinito potencial interior, siguiendo los pasos que realizan las partículas más diminutas de la materia, no sólo para darle forma a la materia, sino para transformarla y trascenderla mediante una función de onda, es decir, cuando dejan de chocar unas contra otras y, mediante una inclinación o reverencia, logran penetrar al vacío, a la no materia, al campo primordial, a la fuerza espiritual, a la Dimensión de los Milagros, al corazón de Dios, a la mente infinita del Padre, fuente generadora de todo bien, para así dar un salto cuántico y transformar la realidad material que nos angustia y atormenta, y así, al igual que las partículas más diminutas de la materia, ser los mismos pero, ya no ser los mismos.

Debemos seguir la indicación bíblica: "Primero busca el reino de Dios y su justicia y… todo te será dado por añadidura".[1] Así, mediante la aceptación de la problemática que deseamos transformar, la derrota voluntaria donde aceptamos con profunda humildad que solos no podemos y la invocación de la ayuda divina, descubrimos en Él, nuestro Creador, nuestra infinita grandeza interior. Es así cómo damos un salto cuántico en el aquí y el ahora, donde es posible transformar la realidad material, cristalizar nuestros sueños y hacer posible lo imposible; seguir siendo los mismos, pero ya no más, nunca más, los mismos.

Recuerda una vez más que en nuestra mente también fluyen dos potencias:

- *Una espiritual* de la cual se alimenta la vida misma, el equilibrio, la paz interior y la salud, donde los pensamientos y los sentimientos fluyen en perfecta armonía y todas las cosas suceden para bien. Este nivel de conciencia es impulsado

[1] *Mateo* 6, 33.

por el amor que es aceptación y respeto, primero hacia nosotros mismos, pues es bien sabido que nadie puede dar lo que no tiene, y luego hacia los demás: "Ama a tu prójimo como a ti mismo".

- *Una corpuscular* donde prevalecen los pensamientos individualistas, egoístas y mezquinos que descoyuntan los instintos y los defectos de carácter. Esta actividad mental propicia todo tipo de dependencias, violencia, caos y destrucción.

También existe un complejo vibratorio que, por medio de los pensamientos y sentimientos, colapsa la energía primordial, bien para transformarla en actividad corpuscular en la mente mediante el miedo, el resentimiento, el egoísmo y otros componentes de la inconsciencia, convirtiendo nuestra existencia en un verdadero infierno plagado de carencias, enfermedades y conflictos, obedeciendo a la fuerza caótica y destructiva que caracteriza a la materia, o bien a la materialización de nuestras deseos y sueños, mediante la concentración de la energía en creaciones mentales (visualización) y la atención mantenida en lo que se pretende lograr. También es posible colapsar la materia o actividad corpuscular de nuestros pensamientos y sentimientos para transformarla en energía pura o actividad espiritual supraconsciente mediante el perdón, la oración, la invocación, la entrega y el abandono en un poder superior, tal como cada quien pueda entenderlo.

Pero continuemos con nuestro recorrido histórico, que finalmente es el retrato de nuestra propia historia como humanidad.

Huygens nos habló de un principio holográfico y nos dijo que aquello que podemos ver en un punto representa el todo: "Cada uno de los puntos de un frente de onda puede considerarse como una nueva fuente fundamental de ondas".

Este principio, también conocido como *principio de Huygens* o *principio holográfico*, nos lleva de la mano para entender que en cada ser humano está el potencial infinito del universo, como en cada partícula del cuerpo el Universo mismo. Ya te había comentado que en una gota de sangre podemos determinar el estado sistémico del ser vivo al que se pretende analizar. Según la acupuntura china, que tiene más de 5 mil años de vigencia, con la estimulación de un solo punto energético es posible equilibrar la energía de todo un meridiano (canales por los cuales, según la medicina china, fluye la energía del cuerpo). Equilibrando la energía de cada meridiano es posible equilibrar la energía de todo el organismo y restablecer la salud.

Con la panorámica que nos ofrecen los principios herméticos podemos entender que el principio holográfico nos habla del principio del Mentalismo que nos recuerda que el Todo es mente, que el todo está en el uno y el uno está en el Todo. De esa manera podemos entender que somos parte del universo, un punto pequeñito y aparentemente insignificante ante su vastedad y grandeza. Pero no lo dudes, en ti se encuentra el todo, la esencia misma de la vida, la fuente generadora de toda la creación y, por tanto, también el potencial infinito de la creación. Ya está dicho: "Estás hecho a semejanza del Creador", "Seréis como dioses".

¿No te estremecen estas verdades eternas? Espero de todo corazón que éstas comiencen a ser comprendidas, no sólo con la razón, sino también con el alma. Es tiempo de despertar, de dejar atrás el letargo de la inconsciencia y ponerte de pie frente a la vida para transformarla, para forjar una tierra nueva donde prevalezca el amor, la armonía, la paz y la abundancia de todo lo bueno para cada uno de los amadísimos hijos de Dios. Es tiempo de abandonar los vuelos de papalote que, sin importar las alturas que logres alcanzar, te dejarán caer una y otra vez. Es momento de despojarte del traje de víctima, de caminar por la vida como indigente, como hoja al viento o corcho en el mar, recuerda que tú eres ¡la criatura más amada de Dios! Ten también en cuenta que los sueños del Arquitecto del Universo reposan en tu propio corazón para darles vida. No lo dudes, aquello que deseas con toda el alma, aquello que te hace feliz, es lo que Dios desea para ti y para cada uno de sus hijos. Sólo pide que tus sueños y tus creaciones mentales se encuentren siempre en armonía con el mundo y de manera perfecta, como perfecto es nuestro Dios: "Y vio Dios que sus obras eran buenas".

Tú puedes ser un puntito de luz para alumbrar la noche oscura por la que la humanidad atraviesa; tú puedes ser las manos extendidas del Creador. Procuremos que la luz se extienda, que prevalezca lo bueno sobre lo malo, la bondad sobre la mezquindad y el egoísmo, la alegría y la gratitud sobre los logros y triunfos que parecen ajenos (recuerda que lo que afecta a uno, afecta a todos). Te aseguro que ésta es la mejor forma de eliminar celos y envidias que nos dividen y separan.

Deja que también prevalezcan el perdón y la tolerancia sobre el odio y el resentimiento, el afán de servir antes que servirse de los demás, compartir para multiplicar en vez de robar y acaparar para, finalmente, empobrecer. En fin, son tantas las formas y caminos que la vida nos ofrece para transformar la realidad. Sólo te recuerdo: "Cambia tú y cambia el mundo", porque ahora sabes que si bien eres un puntito diminuto ante la majestuosidad del universo, también sabes que toda la grandeza del Padre se encuentra en ti, y con ella todas posibilidades de creación y transformación.

¿Continuamos? ¿Te va sorprendiendo todo esto? Te pido una vez más que no te alejes ni un instante de tu propia perspectiva, del impacto que tiene cada descubrimiento de la física cuántica en el conocimiento de tu propia esencia y el descubrimiento de tu infinito poder personal.

Ahora, nos dirigiremos hacia uno de los descubrimientos más importantes de la física cuántica: el colapso de onda.

Los investigadores nos dicen que la luz fluye como ondas de manera natural, pero hay un momento en que ésta se colapsa y es cuando la energía se transforma en partículas. Allí comienza a vislumbrarse lo que hoy se sabe con gran certeza: que la luz puede comportarse como onda o como partícula.

Hagamos un paréntesis para entender todo esto. Ya hemos mencionado que nuestra mente también tiene esas cualidades. En nuestra dinámica mental también fluye la energía cósmica universal como: amor, sabiduría, poder y voluntad de Dios, que se colapsa por un efecto de frenado expresado en resentimiento, miedo, culpa, defectos de carácter, lo que nos ancla a la fuerza caótica de la materia, donde los pensamientos viajan incansablemente entre el ayer y el mañana generando pensamientos obsesivos, neurosis, depresión y dependencias tanto químicas como emocionales. Pero entendamos en qué consiste ese efecto de frenado, ese colapso de onda que para los físicos, en un plano material, fue un salto a la nueva visión del mundo, a una nueva visión de nuestra realidad.

Un principio que se considera clásico es el de Tomás Young, un físico inglés que encontró, en el famoso experimento conocido como el *experimento de la doble ranura*, que la luz pasa como onda cuando el receptor está abierto. Si el receptor está cerrado, la luz choca y se convierte en partículas. Entonces, la misma corriente, la misma luz, actúa de manera distinta de acuerdo con la naturaleza del receptor. Si éste se encuentra cerrado, la onda luminosa rebota y se convierte en partículas, si no, pasa sólo como onda luminosa.

Estos mismos principios los extrapolamos a la dinámica de la mente y nos cuestionamos: "¿Qué pasa con nosotros?"

Cuando nuestra mente y nuestro corazón están cerrados por el resentimiento, el miedo, los celos, la envidia y demás *chuladas* de la inconsciencia, además, con nuestras creencias absurdas y limitantes, la energía que emana del corazón de Dios, la luz de la fuerza espiritual, rebota y se convierte en partículas que en nuestro cuerpo genera bloqueos energéticos que se manifiestan como enfermedad, cansancio y agotamiento.

En nuestro mundo afectivo esto se presenta como ansiedad, angustia, depresión, neurosis. En nuestra mente en dualidad, conflicto, pensamientos destructivos que generan falta de aceptación, rechazo, violencia contra nosotros mismos y contra los demás. En nuestra realidad material se manifiesta como pleitos, guerras, enfermedades, conflictos, carencias y, en general, en el mundo convulso y dividido que vivimos hoy en día.

Cuando el corazón y la mente se encuentran abiertos, libres de resentimientos, culpas, celos, envidias y demás vicios de la inconsciencia, la energía cósmica fluye a raudales en forma de ondas o energía pura para convertirse en el océano infinito de posibilidades, en la oportunidad palpable de una vida nueva, en el infinito cúmulo de bendiciones donde todas las cosas obran para bien. "Para quien ama a Dios, todas las cosas obran para bien."

¿Te das cuenta de que nosotros mismos somos responsables de la realidad que enfrentamos? Deja de culpar a Dios por todos los sinsabores que has tenido que enfrentar. Mejor analiza cómo se encuentra tu corazón, cuales son tus creencias y cuales tus celos, envidias, culpas y resentimientos. Por favor te pido que ya no te culpes ni autoflageles más, mejor prepárate para utilizar el pasaporte que te conduce a la Dimensión de los Milagros para abrir tu propio corazón, y así convertirte en el receptor adecuado y maravilloso para que fluya a raudales la energía cósmica, el amor de Dios y animar tus sueños más encumbrados, esos que ahora ya lo sabes, son los sueños de Dios que reposan en tu corazón, esperando cobrar vida en el aquí y el ahora.

Si todos estos descubrimientos han logrado crear una nueva expectativa en ti, te pido que no dejes de sorprenderte, que mantengas tu mente y tu corazón abiertos para continuar nuestro recorrido histórico y la analogía de los descubrimientos estelares de la física cuántica con la dinámica de la mente, pero hazlo como lo haría un niño en una noche de Navidad, como quien espera un regalo especial, algo que el corazón adivina que es espectacular y que puede literalmente cambiar tu vida. ¿Continuamos?

La discusión onda/partícula ya estaba llegando a su momento más álgido, a su momento cumbre. Fue Maxwell quien afirmó que la luz también vibra. Esto es, para pasar de onda a partícula debe haber una vibración. Maxwell postula que la luz es una vibración del espectro electromagnético. Con sus descubrimientos comenzaba a vislumbrar que la función de onda y la función de partícula no eran incompatibles. Así como tampoco es incompatible que en nosotros mismos se encuentren las dos potencias infinitas, una que nos permite actuar como ángeles y otra que abre la puerta a los instintos descoyuntados, la que nos impulsa a actuar como bestias peludas, con el perdón de las bestias. La mente también funciona como la corriente electromagnética: una potencia que fluye como ondas de energía pura o fuerza espiritual y otra en la que la energía se manifiesta como partículas en forma de pensamientos que fluyen entre el ayer y el mañana y con un fuerte apego a la materia, generando obsesiones y compulsiones que se manifiestan como dependencias químico emocionales, así como caos y destrucción que estalla violencia contra nosotros mismos y contra los demás.

En 1900 Max Planck se dio cuenta y postuló que la luz no fluye de manera continua, sino en paquetes de diminutas partículas a las que llama cuantos. De ahí el nombre de física cuántica, porque la luz y la corriente electromagnética fluyen a través de micropartículas aunque en diferentes funciones.

En nuestra mente, ya lo sabes, es una actividad supraconsciente en la que fluye la energía pura, o fuerza espiritual, y una actividad subconsciente en la que los pensamientos se comportan como las partículas más diminutas de la materia, chocando unos contra otros, viajando entre el ayer, que nos llena de resentimiento y vergüenza por lo que pasó, y el mañana, que genera temor y angustia por lo que pudiera pasar. Este incesante viaje produce dualidad y conflicto interior que despliega impresionantes campos de energía que tanto física, emocional y mentalmente generan desgaste, provocando fatiga, falta de concentración, depresión y neurosis, así como dependencias tanto químicas como emocionales.

Y tú dirás: "¿Eso a mí qué?" Bueno, pues recuerda lo que te platiqué sobre los enfermos alcohólicos cuando tienen una derrota, un fondo emocional e invocan a un Ser Supremo, como cada quien lo entienda. En ese instante señalan que la obsesión por beber desaparece y ese es el proceso de recuperación para los alcohólicos y los adictos que propician un despertar espiritual y representa un salto cuántico a la libertad. La derrota voluntaria, el fondo emocional (sólo cuando invocas la ayuda divina porque, si aún estando en el fondo te resientes más, es muy probable que generes mayor dolor y sufrimiento, pues el resentimiento curva la mente y nos conduce hacia pozos profundos de desolación), la inclinación voluntaria y la invocación a un ser supremo son el pasaporte que nos permite el acceso a la infinita gama de posibilidades de creación, transformación y trascendencia.

Es entonces cuando el enfermo alcohólico, que permanecía adicto, obsesionado, dependiente y esclavo, en un instante deja de ser el mismo, siendo él mismo, y refiere que su obsesión por beber ha desaparecido *sólo por hoy*, tal como se lo recuerdan sus compañeros de Alcohólicos Anónimos. Este trabajo es de todos los días. ¿Ya te vas ubicando? ¿Te sorprende? ¿Te estremece?

El sólo hecho de saber que esa corriente divina emerge de la Mente Infinita, como tú quieras entenderla, puede actuar dentro de ti, bien como partícula, o bien como onda y de esa manera u otra seguir siendo el mismo, pero ya no ser el mismo, ¡la elección es tuya!

¿Te das cuenta? tú también puedes ser el mismo, pero transformarte en alguien diferente en este hoy, en el aquí y el ahora. Esto es maravilloso, un regalo del cielo. Tenemos la oportunidad de cambiar, dar un giro de 180 grados a nuestra vida; hoy es viable descubrir que tenemos alas y que es posible volar.

Pero volvamos a la historia. Max Planck también postulaba que la energía de los fotones –las partículas de la luz– depende de la frecuencia vibratoria de cada onda luminosa. Su fórmula nos explica y da lugar a la aceptación del carácter corpuscular de la luz, es decir, comprueba lo que antes era una sola especulación. También concluye que la luz, además, tiene un comportamiento ondulatorio e introduce el factor de frecuencia vibratoria, mediante el cual la energía se colapsa y se transforma en partículas. Lo que desde Newton se vislumbraba como una posibilidad, él logra probarlo y lo asevera.

Ya no queda duda del comportamiento dual de la corriente electromagnética, como espero que tampoco en ti quede duda alguna respecto a las dos potencias que fluyen en nuestra propia mente: una que da vida a la actividad supraconsciente que fluye en forma de ondas, o energía pura, y equivale a la fuerza espiritual es impulsada por el amor, y otra que da origen a la actividad subconsciente, donde los pensamientos, que en esencia son impulsos de energía e información, fluyen en forma de partículas con carácter individualista, generando dualidad, conflicto, caos y destrucción. Esta última esta alentada por el miedo que surge del rechazo hacia nosotros mismos, hacia los demás, hacia la vida o hacia Dios, que es nuestro origen.

Así como la energía de un fotón depende de la frecuencia vibratoria de la onda luminosa de la que procede, nuestra actividad mental, y por tanto en la calidad de vida y en nuestra realidad cotidiana, depende del nivel de frecuencia vibratoria de nuestros pensamientos. Si éstos son de índole material y se encuentran plagados de mezquindad, miedo, egoísmo, generados por intenciones duales y hostiles, ellos adquirirán esa misma naturaleza y, por ley de atracción, atraeremos lo semejante.

Pero si la frecuencia vibratoria de los pensamientos es encumbrada y se asemeja a los pensamientos de Dios, esperando lo bueno, la calidad de tu vida, tanto en la mente como en el cuerpo y tus circunstancias, también será afortunada en todas las áreas de tu vida. Recuerda que si la frecuencia vibratoria que producen tus pensamientos es elevada, la actividad de tu mente, la salud y equilibrio de tu cuerpo y la calidad de tu vida, también lo serán. Y qué frecuencia vibratoria u onda luminosa más encumbrada que aquélla que se asemeja a los pensamientos de Dios, de donde procede todo lo bueno: "Primero busca el reino de Dios y su justicia y todo te será dado por añadidura".

Ahora toca dar lugar al incomparable Albert Einstein. Para él, a pesar de todo lo que le revelaban sus investigaciones, tanto sus descubrimientos como los de otros grandes de la física como Bohr, lo dejaban perplejo y dudoso. Estaba de acuerdo con que la luz mostrara características corpusculares pero, aún así, muchos postulados de la física cuántica le parecían increíbles. Para ilustrar su descontento, frecuentemente repetía su frase tan conocida: "Dios no juega a los dados". No es posible esta locura. Te recuerdo que pasó varios años, los últimos de su vida, investigando y elaborando ecuaciones y fórmulas matemáticas para explicar el campo unificado de todas las cosas. Sin duda, mucho de lo que él descubrió –él mismo lo decía– primero lo intuyó. Con frecuencia decía que mientras más conocía la física, más conocía y se enamoraba de Dios. Buscando la perfección y la belleza llegó al descubrimiento de grandes y fabulosas fórmulas, entre ellas la más conocida en el mundo, que es precisamente al génesis de la creación, la que explica cómo la energía se transforma en materia: $E = mc^2$.

Sean estas palabras y esta propuesta un pequeño homenaje a ese gran hombre a quien tanto le debemos. Recuerda que fue él quien abrió el camino para la investigación de la nueva física, la física cuántica, y con ello nos abre el camino para incidir en el mundo subatómico de todas las posibilidades, las partículas y la energía pura que está esperando el pensamiento del hombre para tomar forma.

También fue él quien nos permitió tener una nueva visión del mundo objetivo, en el que nos movemos, el mundo de la realidad material que es el de la relatividad, el material, el que ven tus ojos. Lo puso en su puño y nos lo dio gota a gota, como un manantial infinito de conocimiento.

El mundo de la relatividad es ese mundo donde la perspectiva de alguien que va dentro de un tren difiere mucho a la de quien lo mira pasar; la de alguien que está dentro de un elevador a la de quien está afuera; la de quien monta un rayo de luz –aunque sea un planteamiento hipotético– de la de quien camina hacia un punto determinado. Te recuerdo el ejemplo de los gemelos, donde Einstein postulaba, que si uno pudiera remontar un rayo de luz, cuando llegara a la tierra, el hermano estaría viejo, si no es que ya muerto, mientras que él permanecería joven y sano.

Finalmente, el campo unificado de todas las cosas, que buscó afanosamente durante los últimos años de su vida y pretendió explicar con fórmulas y ecuaciones matemáticas, desde mi punto de vista es el mundo del espíritu, al que podemos acceder con una invocación, con una gran humildad para reconocer nuestra finitud humana y nuestra infinita grandeza interior. Ese mundo que no puede ser percibido por la visión humana ni tocado por algún implemento material ni explicado con fórmulas ni ecuaciones físico-matemáticas, porque es un plano espiritual, es el campo supracuántico que corresponde a la Dimensión de los Milagros. Estoy segura de que él, el gran hombre de ciencia que nunca apartó a Dios de su corazón, hoy vive en ella; hoy sabe que ese es el campo unificado de todas las cosas, la fuente generadora de la creación. Dios te bendiga por siempre, Albert Einstein, y gracias por tu existencia en este plano material, por tu talento inigualable, por la genialidad de tus pensamientos, que abrieron puertas y derroteros sin parangón, y por tu espíritu inmortal.

Después de esta pequeña semblanza del gran hombre, del inigualable científico y sus aportaciones a la ciencia y a la humanidad, realicemos nuestra acostumbrada analogía con la dinámica de nuestra propia mente:

1. *Mundo subatómico*: equivale al nivel inconsciente de la mente, donde se encuentra el manantial infinito de todas las posibilidades. Sólo recuerda que no es lo mismo realizar construcciones mentales cuando prevalece la actividad corpuscular, en la que los pensamientos y sentimientos están anclados a la frecuencia vibratoria de la materia y, por ende, a la fuerza caótica y destructiva de la misma, que cuando éstos se encuentran alimentados por la fuerza espiritual cuya frecuencia vibratoria es muy alta y que se aproxima a la fuente generadora de toda la creación.
2. *Mundo objetivo o de la relatividad*: equivale al consciente de la mente, que se alimenta de los sentidos y su principal baluarte es la razón y los pensamientos lógico-matemáticos. Esta actividad mental se ubica en el aquí y el ahora y cambia la perspectiva de la realidad material acorde a la panorámica del observador: *no es lo mismo ver los toros desde la barrera.*
3. *Campo unificado de todas las cosas*: equivale a la actividad supraconsciente, en la que los pensamientos y sentimientos son nobles y encumbrados y se alimentan de la fuerza espiritual.

Tres mundos, tres posibilidades que puedes abordar mediante la expansión de la conciencia, de los cuales tú también eres parte. ¿No te sientes privilegiado? ¿No te sientes especial? Algo debe acontecer en ti cuando descubres que en verdad Dios camina contigo, vive en ti, y que tú también puedes expandir la conciencia, hasta las profundidades de los avernos o hasta el corazón de Dios. Tú eres poseedor de tantos dones y virtudes entregados desde el principio del tiempo por el Arquitecto del Universo. También tienes libre albedrío para elegir el nivel de frecuencia vibratoria de tus pensamientos, que bien pueden ser de índole corpuscular cuando se encuentran anclados a la fuerza caótica de la materia, o bien, espiritual cuando tus pensamientos y sentimientos son alentados por la inteligencia divina, por el corazón de Dios. De tu elección, o libre albedrío, depende la calidad de tu vida.

Te invito a continuar con nuestro viaje hacia el pasado y seguir muy de cerca este trayecto histórico sin parangón para descubrir lo que algunos grandes hombres de ciencia percibieron y demostraron a través de sólidos experimentos científicos.

Louis de Broglie, un físico francés perteneciente a una de las familias más nobles de su país, nos lleva a la esencia misma de la materia, la cual, no lo olvides, proviene de un campo intangible, de una sutil fuente de energía que es el vacío, la no materia que corresponde al venero espiritual que procede de la mente infinita del Padre. En este sentido nos señala que si a la luz le corresponde un comportamiento tipo partícula, por qué no a la partícula un comportamiento tipo ondulatorio. Con este planteamiento y los experimentos que lo corroboran nos lleva de la mano al punto preciso en que la energía se transmuta en materia y la materia se convierte en energía.

Albert Einstein había realizado ya este planteamiento en un plano diferente. Aquí la observación era desde el plano de las partículas más diminutas del plano cuántico. De Broglie confirma que no sólo los electrones sino todos los cuerpos en movimiento tienen un campo de ondas inherente llamado ondas de materia.

Entonces podemos entender que si estos principios se aplican a cualquier cuerpo en movimiento y que en nosotros también fluye esa energía electromagnética. El resultado es contundente: en nosotros se encuentra también la capacidad de transmutar la energía en materia y la materia en energía por medio de un complejo vibratorio.

El complejo vibratorio aumenta o disminuye (tanto en la materia como en la energía pura) la frecuencia vibratoria, lo que propicia la transmutación de una y de la otra.

En nuestra mente, los complejos vibratorios son los pensamientos, los sentimientos y las emociones. Si no lo crees, reflexiona:

cuando piensas en alguien que amas, realizas tus actividades con amor, sirves a los demás sin esperar nada a cambio, realizas una oración desde lo más profundo de tu corazón o recuerdas el momento más hermoso de tu vida, sin duda alguna, elevas la frecuencia vibratoria de tus pensamientos, sentimientos y emociones. Así, también permites que la energía de tu cuerpo fluya como ondas, y entonces tu salud, tu estado anímico y tu energía son diferentes. Te sientes vital, contento. Mientras que, cuando tus pensamientos están dedicados al resentimiento, a lo que te hicieron o dejaron de hacer, a la preocupación, a la angustia, a la crisis, al dinero, a las enfermedades, etcétera, en ese momento, tus pensamientos, tus emociones y tus sentimientos bajan la frecuencia vibratoria de tu ser. Disminuyendo el potencial de flujo de la energía, y ésta se convierte en partículas. Ya lo sabes, cuando en tu mente prevalece la actividad corpuscular, la energía que originalmente fluye como ondas se colapsa, generando bloqueos energéticos o *quistes energéticos* que producen cansancio y enfermedad. Todo esto a causa de mermar la frecuencia vibratoria de tus pensamientos y sentimientos.

Estoy segura de que bajo este enfoque energético también nos encontramos en el umbral de un nuevo enfoque de salud y enfermedad. En la posibilidad de rescatar y devolver la importancia a diferentes alternativas para recuperar la salud, como la acupuntura, la homeopatía, el ayurveda y demás terapias energéticas o que propicien un sano equilibrio entre mente y cuerpo, entre el hombre y la naturaleza.[2]

Algo que también es muy importante y que de Broglie señala es la interacción de campos vibratorios y la inercia entre ellos. En este sentido, el investigador menciona el impacto de la atracción en el punto mismo de la transmutación de energía en materia y la materia en energía.

Esto significa que si tú aumentas tu frecuencia vibratoria con tus pensamientos, sentimientos y emociones, atraerás algo similar, como lindas personas, recursos hermosos y favorables, bellas circunstancias. Pero si tus pensamientos, sentimientos y emociones

[2] Thierry Janssen, *La solución está en ti*, México, Diana, 2007.

están en un nivel muy bajo de frecuencia, llamarás a personas conflictivas, situaciones difíciles, carencias por el simple hecho de estar en esa frecuencia, no porque Dios o la vida estén en tu contra. Lo importante en el aspecto que de Broglie señala es que la ley de atracción también funciona en el nivel cuántico, que en la mente equivale a la actividad inconsciente. De ahí que en muchas ocasiones nos desconcierten los ramalazos o situaciones difíciles que confrecuencia debemos enfrentar, a pesar de que nuestros pensamientos parezcan ser positivos.

Es por ello que reitero la importancia de trabajar con nuestro niño interior, con la culpa y el resentimiento, para evitarnos caídas y ramalazos que podemos evadir con el conocimiento profundo de la dinámica de la mente. También sería muy conveniente contar con algunas psicoterapias de apoyo para incidir en las tres dimensiones de la mente: el subconsciente, el consciente y el supraconsciente.[3]

Además, hay dos potencias que fluyen en nuestra mente: la corpuscular o subconsciente, que impulsada por el miedo y anclada a la fuerza caótica y destructiva de la materia, y la espiritual o supraconsciente que toma su forma del amor y está ligada a la fuente generadora de la vida.

Todo esto tiene el fin de buscar el equilibrio entre las dos potencias, de romper los patrones inconscientes que nos conducen una y otra vez hacia el dolor y el sufrimiento y, de manera especial, propiciar un genuino despertar espiritual y así alentar los procesos creativos de transformación y trascendencia.[4]

Regresando a nuestro recorrido histórico, las investigaciones de los grandes hombres de ciencia nos dicen que una de las primeras leyes del universo es el comportamiento ondulatorio de

[3] Tanto el subconsciente como el supraconsciente conforman la actividad inconsciente de la mente, pues se requiere un gran esfuerzo consciente o expansión de la conciencia o capacidad de darnos cuenta, para incidir en esta dimensión.

[4] Para ello te sugiero ponerte en contacto con el Centro de Servicios Interdisciplinarios para el Desarrollo Humano (CSIDH), donde se trabaja con la Psicología Cuántica y del Espíritu y hay médicos, psicólogos y personal capacitados y calificados en este enfoque.

la energía cinética. Esto quiere decir que todo lo que está en movimiento vibra por medio de ondas y, cuando hay un cambio vibratorio, la energía se convierte en partículas, en materia. Es una ley universal: la energía del movimiento siempre se transforma en energía vibratoria. todo el tiempo nos encontramos vibrando, ya sea en altas o bajas frecuencias, y de este complejo vibratorio en expansión surge la materia.

Por su parte, Schrödinger nos ofrece la ecuación de onda, una pieza fundamental de la física cuántica. Esta función hace referencia a las partículas que chocan unas contra otras, generando y desplazando enormes cantidades de energía caótica y destructiva. Cuando en algún momento una de ellas, seguida de muchas otras, realiza una inclinación o función onda, desaparece al ojo humano, y deja de comportarse como partícula, se despoja de la carga material y penetra al campo intangible de la energía pura para salir de nuevo al plano material siendo la misma, ¡sin ser la misma! Ha logrado dar un salto cuántico y transformar su realidad material a partir de la transformación.

Para entender mejor esto, volvamos otra vez al caso del alcoholismo y las adicciones, donde la investigación de la Psicología Cuántica y del Espíritu obtuvo sus cimientos. Sólo cuando el alcohólico realiza una derrota voluntaria o desde un fondo emocional invoca a un poder superior, como cada quien pueda entenderlo, es cuando desaparece la obsesión por beber *sólo por hoy*.

Si comparamos el proceso de recuperación del alcohólico anónimo, el cual implica un despertar espiritual, con el alcohólico que simplemente *tapa la botella* dejando de beber cuando se encuentra bajo juramento, se hace evidente que, mientras este último se halla con la neurosis exaltada, esperando que termine el tiempo que juró dejar la bebida para beber lo que no bebió en ese lapso, el alcohólico que invocó al Ser Supremo, desde la aceptación y derrota emocional es capaz de aceptar sus propios defectos de carácter y que no sólo ha sido víctima, sino también victimario, incluso de quien más dice amar. Cuando comienza a trabajar su resentimiento y aprende a perdonar, logra que la obsesión por beber desaparezca y tiene un extraordinario cambio en la personalidad y una gran transformación, tanto interior como exterior. Y resulta que, precisamente en el primer caso, es cuando las partículas, que en la mente equivalen a los pensamientos y sentimientos, chocan unas con otras, y se encuentran reprimidas solamente por el miedo, que es el rey de los espantajos de la inconsciencia[5] y, por ende, es garantía que cuando el miedo se encuentra presente la actividad corpuscular o subconsciente, que equivale a la oscura noche del alma, la actividad de la inconsciencia se encuentra en pleno. Es por ello que se exacerba el egoísmo y sólo se desplaza la energía, se tapa la botella, descoyuntando los instintos y exaltando la neurosis, aquello que en el argot de los alcohólicos se denomina *la borrachera seca.* Mientras que el alcohólico anónimo que se encontraba atrapado en el dolor y el sufrimiento, esclavo de su dependencia, experimentando siempre la dualidad, el conflicto y la destrucción de sí mismo y de quien más dice amar, al realizar una función de onda (esto es, de reverencia, de inclinación hacia un poder superior), al igual que las partículas más diminutas de la materia, se despoja en su interior de los grilletes que los mantenían atados a la fuerza caótica de la materia y logran penetrar a la dimensión que yo propongo como la Dimensión de los Milagros. Ahí sus pensamientos, sentimiento, emociones y la esencia misma de su ser se tiñen de la gloria del Eterno. Es entonces cuando dan un salto cuántico y, como las partículas más diminutas de la materia al realizar este proceso, son los mismos, pero ya no lo son. De igual manera, el enfermo alcohólico que ha tenido un despertar espiritual, es la misma persona, pero ya no lo es, ha logrado transformar la realidad despojándose de la obsesión por beber sólo por hoy.

Los seres humanos, en general, logramos penetrar a esta dimensión precisamente por medio de un fondo emocional, como ya lo había mencionado en las ecuaciones físico-matemáticas cuando hablé de los principios de la transformación de la energía en materia y de la derrota voluntaria cuando, de corazón y con profunda humildad, se dice: "Señor, yo no puedo con esto, ayúdame".

[5] Si quieres saber más sobre esto, consulta mi libro *La conquista de ti mismo*, editado por Panorama Editorial.

En ese momento, no lo dudes, Él responde siempre con amor infinito y extiende su mano para elevarte hasta su corazón; el umbral de la Dimensión de los Milagros, y así, teñido con la gloria del Padre, deambular en el aquí y el ahora.

Con esto podemos entender lo que decía nuestro hermano mayor, Cristo Jesús: "Mi reino no es de este mundo". Es decir, aquí estoy, pero me nutro y vivo en otra dimensión. Él sabía bien cómo entrar y vivir ahí sin dejar este plano material. Esa derrota voluntaria que nos permite el acceso a la Dimensión de los Milagros, al corazón de Dios. Me gustaría ilustrar esto con un maravilloso pasaje.

Cuando Él, Cristo Jesús, en los momentos previos a su captura se encuentra en el Monte de los Olivos haciendo oración, sus biógrafos nos narran que el manto que Él vestía en aquellos momentos estaba lleno de pequeñas gotas de sangre. Esto sucede cuando hay un brutal choque emocional que provoca literalmente que el cuerpo llore gotas de sangre, ésas son las petequias.

Si su manto se encontraba lleno de gotitas de sangre, nos dice que Él, en su humanidad, experimentó un miedo descomunal, pánico: sabía bien lo que le esperaba. Sin embargo, en esos momentos dice: "Padre, si te es posible, aparta de mí este cáliz. Que no se haga mi voluntad, sino la tuya". Ahí está la derrota, ahí está la inclinación a partir de la aceptación de la propia voluntad humana: "Esto es lo que yo quiero, lo que yo quisiera, pero que no sea lo que yo deseo, sino tu voluntad". En ese momento Él se transforma, siendo el mismo de forma material, pero por dentro ha quedado investido con la gloria del Padre, trascendiendo y transformando la realidad material, mostrándonos con el amor y el perdón el camino de la libertad, el que nos lleva directo al corazón de Dios.

La función de onda en la dinámica mental incluye tanto emociones, sentimientos y pensamientos y representa justo eso: la inclinación, la derrota, el fondo emocional, la invocación de un ser supremo como tú lo entiendas, como tú lo concibas. Te recuerdo que una de las formas físico-matemáticas de la transformación de la materia en energía y de la energía en materia es precisamente la aniquilación total, la cual sólo se logra mediante la fusión de materia con antimateria. En la mente, esto también se logra cuando hacemos esa inclinación o reverencia humana e invocamos al Ser Supremo. En ese momento, al igual que las partículas más diminutas de la materia, llevamos a cabo una aniquilación total, dejando que la energía pura, que emana del corazón de Dios, nos llegue a raudales como bendición y capacidad infinita de transformación.

Ésa es la cuestión determinante de Schröedinger, pues quiere decir que todas las partículas tienen la posibilidad de regresar a su origen y convertirse en ondas, en energía primordial. Y como seres humanos, mediante esa inclinación, al reconocer con profunda humildad nuestra finitud, pequeñez y fragilidad humana, descubrimos nuestro infinito potencial interior, nuestro descomunal poder personal al invocarle a Él, conscientemente, al sabernos las amadísimas criaturas de Dios, para manifestar en el aquí y el ahora los sueños del Creador que han reposado en tu propio corazón para verlos florecer, ¡hoy es el día, es tiempo de despertar!

Decía san Agustín: "La naturaleza no está contra los milagros, sino contra lo que el hombre sabe de los milagros". Hoy tienes en tus manos el pasaporte que nos conduce a la Dimensión de los Milagros, no sólo para entender cómo se realizan éstos, sino también para manifestar en el aquí y el ahora nuestro destino divino.

Recuerda, la ecuación de Schröedringer es lo que conocemos como función de onda. Para él es una realidad matemática y probabilística, o quizá más que eso: una realidad misteriosa, mágica y fantasmagórica que obedece a unas variables ocultas no locales, una realidad invisible que se hace detectable hasta encontrar el sistema de medidas o el receptor adecuado. A esta dimensión no es posible llegar en metro o con algún instrumento de medida material o humano. Los físicos nos dicen que el hombre jamás podrá llegar a esta dimensión con ningún tipo de tecnología, por muy avanzada que ésta sea. Se trata del vacío, de la no materia, de la dimensión fantasmagórica, mágica y espiritual: Dios, como cada quien lo pueda entender.

Cuando se instalen de nuevo el resentimiento, el miedo, la preocupación, la culpa, el egoísmo y entra en actividad cualquier componente del nivel subconsciente de la mente, sucede un colapso de onda, o proceso de reducción. Entonces, el complejo vibratorio se comporta como una partícula sin dejar de ser un complejo vibratorio. Es decir, nos anclamos a la fuerza caótica de la materia sin dejar nuestra esencia espiritual. En este colapso, cuando nos resentimos, cuando le damos cabida al miedo o la preocupación, se disminuyen la frecuencia vibratoria, los sentimientos, los pensamientos, y las emociones viajan incontrolables entre el ayer y el mañana, y de nuevo nos comportamos como partículas, cayendo en profundos pozos de desolación, angustia y sufrimiento, atrayendo personas y circunstancias semejantes y, por supuesto, también comienzan nuestras quejas contra Dios y contra la vida. Nos vestimos una vez más con el disfraz de víctimas, atrayendo reiteradamente victimarios e injusticias, generando, sin saberlo, más y más circunstancias que nos hacen sentir alejados de la mano del Creador, y hasta enojados con Él, dudando de su existencia y de su capacidad para conducir al universo.

Así, sin darnos cuenta, por ignorancia e inconsciencia una vez más nos encontramos en la actividad corpuscular de la mente, actuando como partículas diminutas, girando alrededor de lo que hizo fulanito o perenganito, de lo que pasó hace 20 años o hace 10 minutos alrededor de las culpas, las carencias, las creencias y los lamentos. Pero cuando una partícula, por diminuta que ésta sea, aprende a voltear al cielo y realiza con humildad una inclinación ante el Ser Supremo para invocar su guía y provisión y trascender la mezquindad y el egoísmo para dejar atrás el comportamiento individualista y comienza a realizar todo con infinito amor, manteniendo el corazón henchido de gratitud, en ese momento esa partícula, ese individuo, se convierte en una onda luminosa, en un rayito de luz.

Recuerda también que desde la perspectiva de la ciencia Albert Einsten ya había pronosticado que cuando el hombre pudiera viajar a la velocidad de la luz podría vencer la enfermedad y la vejez.

Tú puedes ser, en el aquí y el ahora, una partícula diminuta girando en torno a lo que dice o hace fulanito, chocando contra los otros en eternas luchas de poder, generando y desplazando caudales inmensos de energía caótica y destructiva, características de la materia, o una onda de luz, un instrumento del Creador, la mano extendida de Dios, una bendición para el mundo. La elección y la decisión sólo te pertenecen a ti.

Ahora, abordaremos a otro de los postulados más relevantes de la física cuántica. En 1925, Heisenberg, otro físico alemán, nos habla del principio de indeterminación o incertidumbre. Este principio dice que no es posible hallar un método para localizar la posición de una partícula subatómica mientras no se acepte la incertidumbre absoluta respecto a su posición exacta y, siendo así, significa que no hay ausencia de energía, aun cuando las partículas se encuentran en el cero absoluto. El cuestionamiento que este científico se hacía era porque en el plano subatómico o mundo cuántico el orden de los factores altera el producto si en las matemáticas no sucedía así –estamos en un mundo de probabilística, recuérdalo–. Resultó que la observación alteraba o modificaba el objeto observado, es decir, que el observador y el objeto no son independientes.

Esto nos lleva de la mano a lo que Bohr postulaba: "Es la observación del hombre lo que determina la realidad". Aquí las ecuaciones físico-matemáticas no son absolutas, dos más dos no son cuatro, puede ser cero, cinco, cuatro mil o cincuenta mil, etcétera, dependiendo de lo que el hombre quiera, lo que tu pensamiento determine. Dale un valor a lo que piensas, un valor infinito a lo que eres a lo que puedes ser. No lo dudes, tus pensamientos influyen en la realidad material.

El principio de Heisenberg es conocido también como el principio de incertidumbre o de indeterminación y hace referencia a que la corriente electromagnética se comporta como onda o como partícula en momentos diferentes, pero nunca como ambas al mismo tiempo. Cuando se encuentra en función de partícula es posible determinar su tamaño, posición, velocidad y demás características materiales. Cuando se encuentra en función de onda, sólo es posible percibirla por la energía, cuando la partícula deja de ser percibida por el ojo humano y se encuentra en el mundo sutil de la no materia. Heisenberg señala en este sentido que cuando más se está en la función de partícula, menos se está en la función de onda. O es lo uno o es lo otro.

De igual manera, cuando nuestra actividad mental se encuentra en actividad espiritual o en comunión con el Ser Supremo, las cosas materiales afectan menos. Mientras que, cuando se está en la actividad corpuscular y el objetivo de toda acción se encuentra dirigido a la consecución de bienes materiales, lo espiritual parece distante, incluso divorciado de nosotros. A menos que sigamos el comportamiento lógico de las partículas más diminutas de la materia que primero penetran a la dimensión espiritual y enseguida dan el salto cuántico que les permite transformar la realidad material. En nuestro caso: “Primero busca el reino de Dios y su Justicia y todo te será dado por añadidura”.

Tú decides: vivir esclavizado y anclado a la fuerza caótica y destructiva de la materia, o descubrir la genuina libertad de los hijos amadísimos de Dios y transformar la realidad material para darle vida a los sueños de Dios, que te eligió a ti para ese propósito.

En lo que atañe a la dinámica de la mente y nuestro comportamiento en el plano material, el principio de indeterminación o incertidumbre de Heisenberg, podría equipararse con la sabiduría de nuestro hermano mayor, Cristo Jesús, quien decía: “No se puede servir a dos amos al mismo tiempo”. Y esto queda clarísimo cuando entendemos que, o estás en las cosas de Dios o estás esclavizado por las cosas materiales.

Primero busca el reino de Dios, pide la oportunidad de brindarle un servicio a la vida y lo demás vendrá por añadidura.

También considero importante hacer alusión al descubrimiento de Heisenberg pues aunque las partículas se encuentren en el cero absoluto, la energía de la cual provienen nunca deja de estar ausente. En nuestro caso, como humanidad doliente que se encuentra enfrentando caos, desolación y destrucción por doquier, tal vez en nuestra función de partícula o material, nos encontramos en el cero absoluto, pero debe ser un enorme consuelo, y sobre todo una puerta de esperanza, saber que el Espíritu Divino del cual emerge toda la creación está en nosotros y sigue siendo la esencia de nuestra vida: "La tierra era soledad y caos y las tinieblas cubrían el abismo, pero el espíritu de Dios aleteaba sobre las aguas". Esto significa que, sin importar el fondo emocional que vivamos, por oscura que parezca la noche y lo profundo del abismo en que nos encontremos, hasta ahí llega la mano extendida del Creador para invitarnos a ponernos de pie y dirigir la mirada al cielo y abrir el corazón para comenzar a forjar una nueva tierra y una vida mejor.

Recordemos que los electrones se comportan como onda o como partícula dependiendo del receptor de medida. Cuando éste se encuentra abierto la energía fluye como onda, cuando está cerrado la onda luminosa actúa como partícula. Un corazón endurecido por el resentimiento transforma la energía que originalmente fluye como ondas en partículas que producen bloqueos emocionales, pensamientos obsesivos, depresión, neurosis, ansiedad y adicciones. En el cuerpo produce quistes y bloqueos energéticos que se manifiestan en enfermedades, cansancio y alteraciones metabólicas. En la realidad material se manifiesta como violencia, inestabilidad, carencias, conflictos y problemas de toda índole. Mientras un corazón haya experimentado la magia del perdón, un corazón haya invocado a Dios, lo que percibe, lo que siente y lo que experimenta es luz y paz, que por añadidura atraen todo lo bueno: amor, abundancia, armonía, salud, etcétera.

Así que ya lo sabes, un mismo estímulo, una misma experiencia o circunstancia pueden producir efectos diferentes dependiendo de la percepción y actitud del receptor: egoísta e individualista, o bien, sintiéndose parte de un todo, con la responsabilidad consciente de saber que todo lo que pensamos, decimos, hacemos o sentimos nos afecta a nosotros mismos, a los demás y a la vida en toda manifestación.

En el plano subatómico, al igual que en la mente humana, la observación, creencia o percepción del individuo modifican siempre el objeto observado. Nuestro hermano mayor ya lo decía: "Creer es crear".

En este sentido también vale la pena recordar que *conforme a tu fe, te será dado*. Atrévete a creer en lo bueno y construye el mundo y la vida que en realidad deseas vivir para ti, para los tuyos y para la humanidad. Recuerda que, en el mundo mental, afectivo y material u objetivo, el receptor eres tú. Tú eliges lo que quieres pensar, tú eliges lo que quieres vivir.

Yo espero que todos estos descubrimientos colmen tu vida de bendiciones y tu corazón de gozo. Nos encontramos ante una nueva era, el tiempo mesiánico ha llegado, *es el tiempo en que el conocimiento del Señor poblará toda la tierra*, es el tiempo de dejar atrás el letargo de la inconsciencia, de la esclavitud y partir a la tierra prometida, al corazón, a la mente del Creador en el aquí y el ahora: "Muchos serán los llamados, pocos los elegidos".

Vale la pena mencionar que, en el lenguaje metafísico, Israel, que es la tierra prometida, significa conciencia espiritual, mientras que Egipto representa a la *conciencia carnal* o *material*.[6]

Si te cuesta trabajo digerir lo que estás leyendo porque la culpa de los errores de antaño, por las creencias limitantes que cargamos desde siempre y por tus miedos ancestrales, utiliza el pasaporte para penetrar a tu imaginación y percibirte como alguien muy especial.

Recuerda que eres la criatura amadísima de Dios, recobrando y expandiendo la conciencia hasta el infinito para recordar tu verdadera esencia y descubrir así tu infinito potencial interior. Cuando te sientas preparado, intenta seguir con la lectura y utiliza de nuevo el pasaporte para penetrar de nuevo en el mundo cuántico, ese mundo que parecía inescrutable para muchos y que hoy está abierto para ti.

Así, con él en la imaginación y con la mente y el corazón abiertos, continuamos con los fascinantes descubrimientos la física cuántica y su vínculo con la dinámica de la mente.

Por su parte, la interpretación de David Bohm nos dice que existe un nivel subcuántico con variables ocultas. Un nivel que precede al mundo material, al mundo que es posible medir. Este campo con sus variables desconocidas hace que la realidad aparezca de una forma probabilística e indefinida. Eso significa que, mientras la energía se encuentra en función de partícula, es posible medir

[6] Conny Méndez, *El nuevo pensamiento*, Buenos Aires, Giluz, 2013.

su velocidad y su posición. No obstante, cuando las partículas logran penetrar al mundo de la no materia, entran al mundo de las infinitas posibilidades, es decir, pueden transformarse en cualquier cosa.

Esta sutil e invisible realidad, nos dice Bohm, tiene una parte oculta que nos es desconocida pues no obedece a leyes conocidas de transmisión por continuidad. Este mismo investigador nos explica que el universo tridimensional que percibimos equivale al orden explicado u orden desplegado, mientras que la realidad que subyace al mundo material es orden implicado. Esto quiere decir que el mundo material es una consecuencia o desplegamiento del orden implicado, volviéndose explícito, de manera que cualquier objeto material, incluyendo a las partículas más diminutas, surgen de un holomovimiento.

Este campo implicado no pertenece al mundo de la relatividad, es el mundo del absoluto, el mundo del espíritu, el que buscaba Albert Einstein con fórmulas matemáticas ya que jamás pudo encontrar con estos medios, porque, como ya lo habíamos mencionado, a ese plano no puede accederse mediante la razón o la visión humana y material de la realidad objetiva. El mundo del absoluto no puede ser percibido por el ojo humano, sino por su descomunal energía. Y en nuestra mente, con los sentimientos y los pensamientos, se palpa por los resultados, por sus efectos, pero no puede ser tocado o percibido por ningún canal sensorial. Como materia no podemos llegar al Espíritu Divino, al corazón de Dios, ni con la razón ni con instrumentos de medición de índole material. A este plano sólo es posible llegar con los pensamientos más nobles y encumbrados, con el corazón abierto, libre de resentimiento, celos, envidia y demás componentes de la inconciencia. Desde luego, también se penetra a este mundo sutil o Dimensión de los Milagros, con acciones nobles y bondadosas, siempre y cuando las intenciones sean congruentes con los pensamientos y sentimientos, aquellos que han trascendido el egoísmo, el miedo, el resentimiento y la mezquindad.

Otro aspecto que no podemos dejar de lado es el *experimento de Aspect*, realizado apenas entre 1979 y 1982 en París por el físico

Alain Aspect y que surge del experimento realizado por Albert Einstein, quien no estaba de acuerdo con toda esa gama de posibilidades e infinitas que ofrecía la visión de la física cuántica y por ello invita a Podolski y a Rosen a realizarlo con él. Cuando estos investigadores realizaron dicho experimento, descubrieron que cuando surge una explosión de partículas de la misma fuente, o más bien, cuando éstas han compartido una misma función de onda, es decir, que juntas han salido de la Dimensión de los Milagros, o el campo puro de infinitas probabilidades, independientemente de que entre ellas existe una enorme distancia, y sin importar el tiempo transcurrido desde dicha explosión, lo que afecta a una partícula afecta a las demás. De ahí lo que dijo el poeta: "Cuando cortas una margarita, una estrella se estremece". Cuando hay guerra en Irán, en la Franja de Gaza, hay depresiones y violencia en el mundo. Cuando hay guerra en tu corazón, hay guerra en la esquina de tu casa, en otro país. Somos parte de todo y ya no lo podemos ignorar. Lo que pides para ti lo pides para los otros. Recuerda la ley del círculo: lo que a otro le acontece te afecta a ti.

Con todos estos descubrimientos que, como ahora bien lo sabes, han trastocado todas las áreas del conocimiento humano y han revolucionado nuestra cosmovisión, podemos entender que el universo tridimensional que percibimos equivale al orden explicado o al orden desplegado. Que existe un mundo espiritual o un campo puro de posibilidades infinitas, una realidad no visible, sólo tangible por la energía que prevalece en ella. Es el mundo del absoluto, el mundo donde todas las cosas fluyen como una infinita gama de posibilidades, como un campo probabilístico, pero no como una realidad material. Esto equivale a una realidad vibratoria en expansión. La realidad material es una consecuencia o desplegamiento que lo hace explícito.

Con todo esto queda demostrado a nivel científico lo que constituye uno de los pilares determinantes de la física cuántica: todo lo que podemos captar a través de los cinco sentidos emerge de una fuente espiritual, ése es el proceso de la creación, no puede ser de otra manera.

Y con todo esto reitero, una vez más, que nuestra verdadera tragedia humana es esa: creernos los superhéroes, *el uy uy uy, Juan Camaney, nadie como yo,* o *Aladino con la lámpara* y olvidarnos de Dios, o bien, concebirlo como un ser cruel, castigador y vengativo, totalmente ajeno a su creación material.

En el momento en que realicemos conscientemente la función de onda y con profunda humildad invoquemos al Ser Supremo mediante una derrota voluntaria para decir: "Yo solo no puedo, pero contigo sí. Señor, guíame, condúceme". Con eso iniciamos el regreso a nuestro origen, a nuestra fuente; comenzamos el camino de regreso a casa, al corazón, a la mente infinita del Arquitecto del Universo, descubriendo también nuestro maravilloso y descomunal poder personal.

De tal manera que todo surge de la realidad vibratoria que David Bohm llamó *holomovimiento,* el cual contiene el orden implícito de todo el universo, un complejo vibratorio que emerge de la fuente creadora del universo, de la mente de Dios, como tú lo entiendas, o de una realidad vibratoria. Es la Mente Cósmica, el corazón de Dios, orden súper implicado, potencial súper cuántico, etcétera. Todos estos nombres nos llevan al campo sutil donde prevalece una fuerza espiritual no palpable, no detectable en el plano material, lo cual implica unas cualidades fantasmagóricas o invisibles que escapan a lo cotidiano, a lo que percibimos en nuestro universo tridimensional.

Todo este recorrido histórico y los descubrimientos más espectaculares de grandes hombres de ciencia ponen en evidencia la vertiente metafísica de la realidad. Es así como la Psicología Cuántica y del Espíritu logra unir los dos medios círculos de ciencia y espíritu, creando un puente de amor, conciencia y comprensión para estructurar una esfera perfecta que muestra objetiva y claramente las infinitas posibilidades con las que contamos como humanidad. Basta reconocer nuestra pequeñez y finitud humana para que sea revelado el pasaporte que nos conduce a la Dimensión de los Milagros y nuestra infinita e inagotable grandeza interior; cuando con profunda devoción invocamos al Ser Supremo y descubrimos que con Él y en Él, todo es posible. Si Él en mí y yo en Él, quién o qué contra mí.

Y con todo este cúmulo de conocimientos, podemos concluir que somos una amalgama perfecta de cuerpo y espíritu, de materia y eternidad, que contamos con un aparato vibratorio, que son nuestros pensamientos, sentimientos y emociones que al expandirse hasta el infinito mediante el amor, el servicio y la gratitud nos conducen hacia el campo unificado de todas las cosas, a la fuerza sutil o fuente generadora de todo bien. O bien, a actuar como partículas diminutas chocando unos con otros, queriendo despojar a otros de sus bienes, ignorando que nos robamos a nosotros mismos. En este último caso, se experimenta la dualidad y el conflicto, representando una eterna dualidad y guerra interior que nos conduce, inevitablemente, hacia la lucha de poder, a veces como victimarios y otras como víctimas. Además, como reflejo de lo que experimentamos en nuestro interior y en nuestra realidad material, se manifiestan las guerras, la violencia, los abusos y todo aquello que genera desintegración y, por tanto, dolor y sufrimiento. ¿Ves alguna similitud con la vida real?

En el plano físico, el campo vibracional realiza la transmutación de energía en materia y de materia en energía por medio del colapso de energía en el acto del frenado para el primer caso o de arrastre para el segundo.

En nuestra mente, cuando le damos cabida al resentimiento, al miedo, la envidia, a los celos, a la preocupación y demás componentes de la inconciencia, la energía que emana del campo unificado de todas las cosas se colapsa, se frena y se convierte en actividad corpuscular que se manifiesta como miedo, inseguridad, dualidad, conflicto, carencia. Por ley de atracción, los problemas, conflictos, enfermedades y carencias llueven a raudales en nuestra vida. Esta actividad corpuscular, en la que la energía cósmica se colapsa en la función de frenado, equivale a la actividad subconsciente o la noche de la mente. Mientras que el complejo vibratorio en su función de arrastre genera expansión y es cuando las partículas, sea por la función onda o aumentando su frecuencia vibratoria (aceleración), se expanden y penetran al campo de las variables desconocidas, campo implicado para David Bohm, o la Dimensión de los Milagros para nosotros.

En nuestra actividad mental, esto significa que es posible liberarnos de la esclavitud de la materia cuando perdonamos o nos inclinamos e invocamos a Dios. Esto genera el colapso de la energía cósmica que, mediante un efecto de arrastre, nos permite el acceso a la Dimensión de los Milagros en el aquí y el ahora. Representa la oportunidad de iniciar el regreso a casa, al corazón de Dios, por medio de la expansión de nuestra conciencia y vivir espléndidamente en el plano material que el Señor, nuestro Creador, nos entregó como hogar.

Todos los descubrimientos, que te he narrado y que fueron un parteaguas en la historia de la humanidad, dejan bien claro, y sin lugar a dudas, que existe un campo puro de energía, que es la fuente generadora, la esencia de todos los órdenes, la no materia, el espíritu, la mente de Dios en la cual todos nos movemos y tenemos a nuestro Ser.

Y es así, a través de este fascinante recorrido histórico, que hemos abierto la cámara de las grandes revelaciones, y al aplicar el principio hermético de correspondencia ("como es arriba es abajo, como es abajo es arriba"), hemos descubierto la existencia de un campo puro, fuente primigenia de la esencia y del orden: la fuente generadora de toda la vida.

Así, los grandes de la ciencia, reconocidos premios nóbeles, mentes privilegiadas que a través de sus descubrimientos científicos nos han llevado de la mano a la Dimensión de los Milagros, hacia el campo puro, fuente generadora de toda la creación. Este campo, que sobrepasa nuestros modelos conceptuales, es el supercampo para los físicos, el Santo Grial o la Piedra Filosofal para los buscadores de la fuente de la juventud y el manantial infinito de riqueza y bienestar, la metafísica para aquellos que han podido adivinar y entender que existe algo más allá de lo que podemos percibir con los cinco sentidos y que es la mente infinita de Dios. ¿Recuerdas el principio de mentalismo? "Todo es Mente."

Todo esto está ahora a tu alcance para entender que sí es posible hacer tus sueños realidad, que pertenecemos a un universo vasto e infinito, que existe un mundo subcuántico donde se encuentra el mundo de las infinitas posibilidades y una dimensión de la mente, el inconsciente, con características similares, esperando el pensamiento consciente del hombre para darle vida y forma en la realidad material (principio de generación o creación).

Ahora sabes que es posible transformar el mundo objetivo, material o relativo que cambia cuando cambia tu percepción y tu perspectiva de observación, y que tienes a tu alcance un mundo supracuántico en el que la energía cósmica o fuerza espiritual fluye a raudales, que en la mente equivale a la actividad supraconsciente, que es cuando el corazón, la mente y el espíritu comulgan con el Espíritu de Dios y sus principios.

Así, las promesas bíblicas se hacen realidad: "Y seréis como dioses", "Estás hecho a imagen y semejanza del creador". Ahora lo sabes, el pensamiento del hombre emerge del pensamiento de Dios. Tú eres un pensamiento divino hecho realidad, pertenecemos a un mundo de la relatividad material que cambia y se transforma en la medida en que tú cambias, y por si fuera poco, tenemos acceso al mundo infinito del campo unificado de todas las cosas, a la mente de Dios. Las puertas del cielo están abiertas para ti. Tú eres poseedor del pasaporte que te conduce a la Dimensión de los Milagros. Sólo recuerda que a esa dimensión no se llega a patadas ni con violencia ni con victimismos. Tampoco con promesas que no se cumplen, ni siquiera por ser buenos o malos. A esa dimensión se penetra con un genuino deseo de cambio y transformación, no evadiendo, negando o minimizando nuestros errores, sino aprendiendo de ellos y con el inmenso deseo y compromiso de no cometerlos más. Basta con una sincera humildad para inclinar la cabeza y, desde lo más profundo del corazón y con profunda devoción, realizar una invocación al Ser Supremo. Desde luego, también, un corazón agradecido construye un puente de dos sentidos, un pasaporte inmediato al corazón de Dios. Puedes vivir aquí y en el ahora, siempre tomado por la mano Suprema, guiado por el amor infinito de quien hizo mar y tierra, alguien que, sin tú saberlo, sin darte cuenta, eternamente vive y palpita en ti. Que cada día de tu vida sea Dios tu guía, tu fuente de provisión y protección, invítale a tu existencia, ¡camina con Él! Descubre que es posible cristalizar tus sueños, forjar una nueva tierra y construir un mundo de amor y de armonía, vivir con salud y generar riqueza, prosperidad y abundancia de todo lo bueno en el aquí y el ahora.

Capítulo 10

Colapso de energía

Otros factores importantes de la transmutación

Ya acostumbrados a correlacionar los principios de la física con la dinámica de la mente, abordaremos ahora otros de primordial importancia que también han trastocado nuestra visión del Cosmos y nuestra evolución como humanidad. Así lograremos entender lo que acontece en nuestra mente y, por tanto, en la realidad material que, como tú ahora lo sabes, es reflejo de lo que acontece en nuestro interior.

Así que exploremos otros caminos para comprender cómo se colapsa la energía y se manifiesta como actividad subconsciente o corpuscular, mejor conocida como *la noche de la mente*, que nos ancla a la fuerza caótica y destructiva de la materia, haciéndonos parecer, en ocasiones, como indigentes emocionales o como un simple corcho en el mar. De hecho, sin darnos cuenta, nos conduce a vivir el cúmulo de situaciones devastadoras que nos impacta, tanto en lo individual y familiar, como en lo mundial (neurosis, depresiones, adicciones, violencia, etcétera).

Para explicar esto, abordaremos en primer lugar los conceptos de la gravedad para tres grandes hombres de científicos:

1. Para Pitágoras, gran filósofo y matemático, la gravedad era la eterna lucha entre dos inmensas fuerzas: la centrípeta (fuerza de atracción hacia el centro) y la centrífuga (fuerza que tiende a alejarse del centro).
2. Para Newton la gravedad era la fuerza de atracción entre la masa o el peso de dos cuerpos.
3. Para Einstein la gravedad simplemente curva el espacio y afecta a todos los cuerpos en movimiento.

Esquemas de la fuerza de gravedad y su vínculo con la dinámica de la mente

Pitágoras: la lucha entre dos fuerzas; la centrípeta y la centrífuga

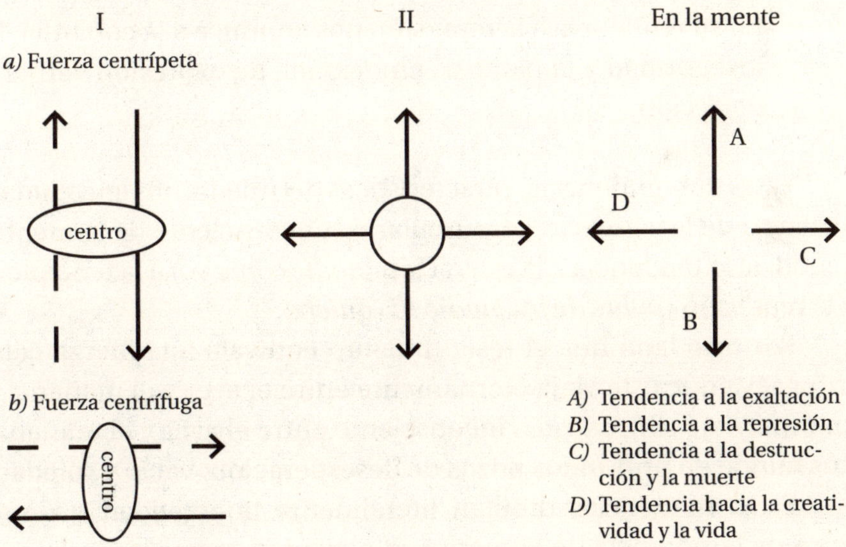

La fuerza de gravedad según Einstein

En ambos casos baja el nivel de frecuencia vibratoria.

La fuerza de gravedad según Newton

En la materia

En la fuerza de atracción entre la masa o peso de dos cuerpos.

En la mente

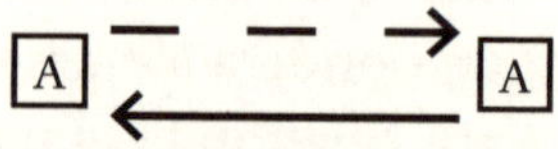

Equivale ala fuerza catódica o ley de atracción que explica que lo semejante atrae lo semejante.

Ahora bien, en la mente podemos equiparar al miedo, que surge del rechazo o la no aceptación de nosotros mismos, de los demás, de la naturaleza o de Dios, con la fuerza centrípeta que postula Pitágoras:

- En su tendencia de exaltación nos envalentona y conduce a eternas luchas de poder.
- En su tendencia a la represión nos conduce a la cobardía, la inseguridad y la parálisis emocional, de expresión verbal y de acción.

Estas dos tendencias, características del miedo, nos encadenan al centro de la actividad corpuscular o subconsciente de la mente, yendo de la tendencia a la exaltación (*nadie como yo*) a la tendencia a la represión (*pobre de mí, nadie me quiere*).

Por otro lado que el resentimiento equivale a la fuerza centrífuga, ya que éste viaja eternamente entre el ayer y el mañana, y en cada viaje *voluntario* o inconsciente entre el ayer y el mañana, nos hunde en profundos pozos de desesperación, vacío y soledad.

Estas tendencias dibujan literalmente la actividad o dinámica de la potencia de la mente en actividad corpuscular, la que nos ancla a la materia y genera depresión, neurosis, adicciones, obsesiones y demás *chuladas* de la inconsciencia y que la Psicología Cuántica y del Espíritu postula como subconsciente o noche de la mente.

Por otro lado, así como Einstein postula que la gravedad curva el espacio, te aseguro que el resentimiento curva la mente. Y es de llamar la atención que una persona resentida, independientemente del idioma que hable: ruso, japonés, chino, alemán, hebreo, español, etcétera, la expresión es similar: *estoy hundido*.

Por tanto, al deslizarse los pensamientos y los sentimientos hacia pozos profundos de desolación o abismos que parecen no tener fondo, el nivel de frecuencia vibratoria de los mismos se hace cada vez más denso. Es entonces que, acorde al postulado de Isaac Newton sobre la atracción que se genera entre los cuerpos que tienen la misma densidad o peso, podemos entender que una persona resentida atrae conflictos, carencias, enfermedades y ramalazos de todo tipo. Claro que es más fácil culpar a los demás, a la vida y a Dios de todas nuestras desgracias que hacernos responsables de lo que pensamos, decimos, sentimos y hacemos.

Por otro lado, ya hemos mencionado que Einstein afirma que la fuerza de gravedad afecta a todos los cuerpos en movimiento. Pues nosotros también somos cuerpos en movimiento y, por tanto, es importante recordar que el efecto de gravedad curva tanto el espacio como la mente, y esto disminuye la frecuencia vibratoria de nuestros pensamientos y sentimientos tornándonos en focos de atracción para todo tipo de conflictos, enfermedades y carencias, puesto que los pensamientos causan turbulencia, dualidad y conflicto en esta modalidad. En la esfera afectiva genera neurosis, tristeza, depresión y muchos más estados emocionales desagradables. En el cuerpo propicia bloqueos de energía o "quistes energéticos" que producen enfermedad, cansancio y agotamiento.

Por ello considero importante mencionar que en el subir y bajar cotidiano, en el correr todo el día, robarle horas al sueño y al reposo, sin darnos cuenta, tal como actúa la inconciencia, altera el equilibrio entre la actividad del sistema simpático y parasimpático. El primero que nos impulsa a la lucha o la huída, mientras que el segundo nos prepara para el reposo y la disminución de la actividad de todos los órganos y sistemas. El andar todo el tiempo en tanto movimiento: me muevo y no hago nada, emocional (enojos, preocupaciones, angustias, resentimiento, etcétera) como mental (cuando los pensamientos corren desbocados entre el ayer y el mañana), genera demasiado estrés y con ello la sobrestimulación de sustancias bioquímicas como el cortisol y la adrenalina, mismas que tienen un impacto directo en las moléculas de las emociones y, por tanto, en el apetito, el sueño, la sed, la retención y acumulación de grasa y el metabolismo en general.

Para ilustrar lo anterior quisiera hacer alusión a la diabetes, que se ha convertido hoy en día en un verdadero flagelo para la humanidad. Como sabemos, esta enfermedad es una alteración del metabolismo que también afecta a niños, jóvenes y adolescentes.

Para no confundirnos, es evidente que, tanto las personas mayores como los más jóvenes, si bien a pesar de andar de prisa todo el día no dejamos espacio para realizar caminatas o ejercicio, hemos caído en el sedentarismo abusando de las bondades que nos regala la tecnología actual. Mientras, nuestras esferas afectivas y mentales se encuentran sobrecargadas de actividad, tensión y estrés. Esto provoca un gran desequilibrio entre nuestra mente y nuestro cuerpo, pues la tensión que genera el estrés debería canalizarse mediante periodos de actividad física y espacios de reposo, relajación, meditación, oración y esparcimiento, tanto físico como mental, con el fin de armonizar nuestro ritmo (movimiento) de vida. Debemos recuperar todo aquello que coadyuve a mantener el equilibrio en nuestra mente y nuestro cuerpo, entre la actividad y el reposo; entre la actividad del sistema simpático y el parasimpático. Decía nuestro hermano mayor, Cristo Jesús: "No contamina al hombre lo que entra por la boca sino lo que del corazón sale". En este sentido, y para ilustrar lo anterior, quisiera mencionar el caso del arroz. A este grano actualmente se le atribuyen altísimos niveles de índices glúcemicos, la capacidad de elevar la glucosa en sangre y, cuando ésta sobrepasa los niveles normales, la células se glicosilan. Es decir, se cubren con una capa de glucosa parecida al caramelo que le ponen a algunas manzanas. Cuando esto sucede, la célula pierde su capacidad de oxigenación y nutrición. Por ello, cuando los niveles de glucosa se encuentran elevados, tanto los miembros distales, principalmente pies y piernas, así como diferentes órganos del cuerpo, se ven afectados.

Sabemos que este alimento –el arroz– ha sido el preferido de los japoneses a lo largo de su historia y hasta hace algún tiempo, no muy lejano, se consideraba que eran personas muy sanas. No obstante, hoy en día las estadísticas los refieren como uno de los países con el índice más alto en diabetes. Si la alimentación es la misma o similar a la de siempre, considero que debemos poner atención en la forma de vida, particularmente tratar de equilibrar espacios de actividad (el movimiento) y reposo, y el afán por producir más y tener menos salud y, a la larga o la corta, también menos dinero y menor calidad de vida. También valdría la pena retomar la costumbre de bendecir los alimentos antes de ingerirlos, pues al agregar conscientemente el ingrediente espiritual del cual proviene la creación es seguro que nuestros alimentos recobrarán también la pureza y la fuerza nutricional y sanadora que han perdido al dejarles sometidos exclusivamente a la fuerza caótica y destructiva de la materia.

Así que, ya lo sabes, el miedo, el resentimiento y el estrés excesivos colapsan la energía que normalmente fluye en forma de ondas y así, en el afán de robarle horas al sueño y al descanso, con el fin de *ganar* más, nos conduce a perder tanto y a obtener lo contrario de lo que se desea, ya que ésta es una característica de la actividad corpuscular o subconsciente de la mente, la cual se activa cuando se colapsa la energía en su función de frenado, en especial cuando surge el resentimiento y el miedo.

Por otra parte, para eliminar al miedo no tienes que luchar contra él, pues así lo haces más fuerte. Sólo debes recordar que éste surge de la no aceptación o rechazo de nosotros mismos, de la vida, de los demás y de Dios.

Aprende a aceptarte primero a ti mismo, *ama a tu prójimo como a ti mismo*, pues tú eres el parámetro. si no te amas y te aceptas a ti mismo, no estarás en posibilidad de dar ni de recibir amor genuino. Sólo recuerda que tú eres ¡La criatura más amada de Dios, y que más allá de los errores, caídas e intentos fallidos está tu verdadera esencia que te hace infinito e inmortal.

Enseguida plática con él. Pregúntale al miedo el porqué de tus temores. El miedo es chismoso y te recordará lo que pasó en el ayer y te alertará sobre lo que puede pasar. Esa es la función del miedo: un foco de alerta para prevenirte sobre lo que puede pasar en un futuro, y una memoria o un cúmulo de recuerdos de los momentos tristes y dolorosos del ayer.

¿Te das cuenta? El miedo no tiene más poder que el que tú le otorgues. Pero, de igual manera, por desconocimiento e inconsciencia, hemos permitido que el miedo tome proporciones descomunales y parezca un monstruo que devora nuestros sueños para convertirlos en pesadillas y nuestra vida en muerte.

No obstante, al comenzar a amarte a ti mismo y aceptar tu esencia y tu infinito potencial interior, ya estás del lado del amor, que es la energía que alimenta la actividad supraconsciente o espiritual, la que nos pone en contacto con el Ser Supremo y nos libera de la fuerza destructiva de la materia. Alguien dice: "Donde hay amor, no hay miedo. Donde hay miedo, no hay amor". Y así es, cuando aprendes a amarte y realizar lo que haces con infinito amor el miedo desaparece porque, de hecho, mediante el amor la materia se transforma en energía pura. Es decir que regresa a su origen mediante el colapso de energía en su función de arrastre.

Por si esto fuera poco, recuerda que Dios es infinitamente más grande que el miedo, y éste lo sabe. Por eso, cuando el miedo pretenda instalarse soberano, recuérdale que tú caminas con Dios, que el Creador del Universo guía tus pasos y es tu fuente de protección. Verás cómo el miedo desaparece y así aprenderás a caminar confiado y sereno, tomado de la mano de Dios.

En cuanto al resentimiento, te sugiero consultar mis libros y materiales elaborados con el fin de aniquilarlo y romper las cadenas de esclavitud que este genera. Por lo pronto, si ya sabes que el resentimiento se alimenta del pasado y del futuro, aprende a vivir intensamente el presente, dale un sentido a tu historia, pues si bien es imposible cambiar el pasado, sí lo es elegir lo que quieres hacer con él. Ya sea hundirte en un pozo de desolación, tristeza y dolor atrayendo constantemente a tu vida personas y circunstancias que te hagan resonar con el sufrimiento o perdonar y aprender del ayer para no repetir errores, para elevar el nivel de frecuencia vibratoria de tus pensamientos y sentimientos y así tocar el corazón de Dios y comenzar a atraer a tu vida bendiciones sin fin.

La elección depende de ti. Tú tienes libre albedrío y el poder de transmutar el infierno del resentimiento en la magia y la libertad del perdón.

Capítulo 11

No luches contra el mal

Ahora veremos la influencia del *no* en los procesos creativos y en la dinámica mental y cómo transmutar la negación en fusión nuclear y finalmente en aniquilación total. No luches contra el mal. Recuerda que nuestro hermano mayor, Cristo Jesús, nos decía: "No luches contra el mal". Hoy que entendemos la dinámica de la mente nos damos cuenta de que esta frase contiene una gran verdad y una sabiduría infinita y gran profundidad. Mientras más luchas contra lo que ya no quieres vivir, más lo atraes. Esto es porque en lo que estás poniendo tu atención es lo que estás generando o creando y, además, el *no* tiene un impacto crucial en la mente inconsciente.

Fíjate muy bien. Yo te pido que:

- *No* pienses en una vaca volando.
- *No* pienses en un elefante rosa bailando ballet.
- *No* pienses en un perrito blanco en suéter rojo.
- *No* pienses que las flores están volando por el cielo y las estrellas en el suelo.

¿Qué tal? Parece que todo a lo que te digo *no* en automático viene a tu mente. Aludiendo a la filosofía popular, que con una gran sabiduría dice que *lo prohibido causa deseo* podemos entender que decir *di no a las drogas* provoque el deseo de consumirlas. De igual manera, decir *di no a la piratería* provoca el deseo inconsciente de comprar, pues así funciona la mente inconsciente.

En otros casos, cuando el alcohólico dice: "Ya no quiero beber", y repite: "Ya no voy a beber, no voy a beber", ¿qué crees que hace? Más bebe. El neurótico dice: "No voy a gritar, no voy a gritar", ¿qué crees? Pues grita más. La persona que come compulsivamente se hace el propósito de no comer más de esa manera y dice: "No voy a comer torta, no voy a comer torta", por supuesto que no come una, come cinco, y para complementar le pone pastelito y refresco. Entonces, eso también explica muchas de nuestras adicciones, el *no quiero, no quiero, no quiero*, no hace más que garantizar que lo vas a experimentar una y otra vez.

Tú dirás: "¿Y ahora cómo le hacemos?" Recuerda que estás recorriendo un camino seguro, tenemos el pasaporte que abre puertas de conocimiento y nos permite el acceso a la sabiduría ancestral y al corazón de Dios, que siempre están abiertas para quien quiere visitarlo, para quien quiere caminar con Él. Por eso te pido que abras tu corazón y le pidas a ese Ser Supremo que nos guíe, que nos dé orientación para colapsar la energía en su función de arrastre y conducir la fuerza brutal, impactante y destructiva de la materia, la que hemos alimentado por ignorancia, tratando simplemente de luchar contra lo que ya no queremos vivir. Fíjate muy bien cómo le vamos a hacer.

Para este propósito, tomemos una fórmula matemática. Sabes que negativo por negativo da positivo. Entonces, cuando dices: "Ya no quiero gritar", inmediatamente debes poner otro pensamiento, también de índole negativa como: "No acepto gritar". Es así como, al multiplicar negativo con negativo, da positivo. Entonces agregamos: "Porque Dios es paz".

Si te das cuenta, lo negativo lo conviertes en positivo con otra afirmación negativa y enseguida realizamos una aniquilación total al incluir un pensamiento espiritual. Vamos a trasladar este ejemplo al caso del comedor compulsivo: "No quiero comer torta", en lugar de estar luchando contra el mal y repitiendo frases que sólo aumentan el deseo, debes decir algo como: "No quiero comer cosas que me hacen daño, no lo acepto, porque Dios es salud, Dios es sabiduría". Entonces observarás cómo se deshace la obsesión y tu preferencia por otros alimentos se hace presente.

En el caso del neurótico cuando dice: "Ya no quiero gritar, ya no quiero pelear", la sugerencia es agregar inmediatamente una afirmación como la siguiente: "No acepto más violencia en mi mente ni en mi vida", para concluir con una frase de alto contenido espiritual: "Porque Dios es paz, Dios vive en mí".

Recuerda que estás utilizando recursos que no pueden fallar, eres poseedor del pasaporte que te permite el acceso a la libertad. ¡Aprovéchalo, utilízalo!

Capítulo 12

El arcoíris

Los colores y sus dones espirituales

Te recuerdo que en algún tiempo sin tiempo, ése que no se mide con calendario o el reloj, Dios, el Arquitecto del Universo, el Creador de toda la vida, hizo una alianza con la humanidad a través de Noé, quien había creído ciegamente en Él. Noé, cuyo nombre significa "el hombre justo, el que camina con Dios en todo momento", obedeció, complacido, cuando el Ser Supremo le indicó que hiciera un arca y que metiera en ésta una pareja de animales tanto de los reptiles, mamíferos, aves, una de cada especie. Todos le llamaban loco, pues su residencia se encontraba distante del mar y de ríos y las circunstancias climáticas no anunciaban lluvia, mucho menos un diluvio.

Sin embargo, Noé no escuchó las críticas y los comentarios de los demás y sólo obedeció la voz de Dios, quien le decía que una vez cerrada el arca mantuviera un Zohar, es decir, un orificio a través del cual la luz pudiera pasar, esto es, una apertura, un contacto con el cielo, con la luz y la fuerza espiritual.

Hablando en términos mentales y espirituales, este pasaje bíblico tiene un significado muy especial: nuestras emociones y sentimientos representan lo femenino: las hembras; los pensamientos corresponden a lo masculino: los machos. Por eso, cuando hay turbulencia en nuestra mente, cuando hay adversidad en la realidad material, cuando se presentan las crisis en cualquier área de nuestra vida, debemos construir nuestra propia arca y resguardarnos en ella, manteniendo un nexo constante con lo Divino, con el Espíritu de Dios, aprendiendo a guardar silencio, en vez de luchar con lo que pasa en nuestra mente y en las circunstancias externas. Debemos aceptar y analizar nuestros pensamientos, sentimientos y emociones, desde los más bajos, las tentaciones y las seducciones, que equivalen a las especies rastreras y ponzoñosas, hasta los más nobles y encumbrados que representan a las aves.

Retornando al pasaje bíblico, cuando pasó un tiempo considerable, Noé envío al exterior a un cuervo para ver si ya era tiempo de desembarcar. Esto representa nuestras oraciones oscuras, nuestras oraciones impregnadas de dudas, mezquindad y de egoísmo, las que están ligadas con la actividad corpuscular y subconsciente de nuestra mente. Luego envió una paloma blanca, la cual refleja el deseo intenso para llegar al corazón de Dios, pero todavía impregnado dudas, preocupaciones y angustias. En este caso, como en el anterior, Noé no obtuvo respuesta alguna. Luego envió otra paloma que regresó con una rama de laurel en el pico. La paloma con la rama de laurel en el pico universalmente representa al símbolo de la paz. Eso quiere decir que cuando estás haciendo oración y sientes paz en el alma, Dios ya te escuchó y te pide que el problema que te aqueja lo dejes en sus manos. Finalmente, Noé envía una paloma que ya no regresa, lo que significa que la tormenta ha pasado y que ha encontrado un lugar donde hacer nido, indicando el momento preciso para abrir el arca. En nuestra mente representa el momento en que las luchas internas han terminado y que es tiempo de mantener nuestra fe y confianza en el Creador.

Cuando Noé abrió el arca lo primero que percibió fue un arcoíris. Luego escuchó la voz de Dios diciéndole que con él hacía una alianza con la humanidad entera. De tal manera que ahora lo sabes, el arcoíris, ese que te maravilla, que te hace sentir algo muy especial cuando lo percibes en el horizonte, es como si el corazón adivinara en esa manifestación la alianza eterna que el Arquitecto del Universo mantiene con cada uno de nosotros. Para muchos tendrá simplemente la explicación física de la distorsión de la luz del sol con el agua de la lluvia. En el espíritu, es la alianza de Dios con la humanidad entera, que nos recuerda que en ningún instante caminamos solos pues Él siempre está con nosotros.

Por otro lado, se dice en varios mitos y leyendas, que al final del arcoíris hay un tesoro. Hoy sabemos, con toda certeza, que el tesoro está en cada color, en la frecuencia vibratoria de cada uno de ellos ya que son un recurso espiritual de incomparable dimensión y fuerza descomunal.

Los colores del arcoíris, aun físicamente, tienen frecuencias vibratorias muy peculiares y distintivas. en la mente y el mundo espiritual su significado es mucho más profundo y potente.

A continuación te voy a mencionar cuáles son los colores del arcoíris, cuáles son sus cualidades o dones particulares y además cómo, dónde y cuándo utilizarlos:

Cada uno de los colores del arcoíris tiene una frecuencia vibratoria característica, tanto en el plano material, como en el plano mental. Los colores espirituales son tenues y se perciben con la imaginación. Cuando tú imaginas alguno de los colores del arcoíris, tiñes de colores el plano mental y afectivo y por tanto, la frecuencia vibratoria de tus pensamientos y sentimientos.

Para imaginar los colores espirituales no necesitas un lugar o un horario específico, puedes imaginarlos a cualquier hora y en cualquier lugar. Si te cuesta trabajo visualizar o imaginar los colores, es conveniente que primero los percibas en el plano material mediante un dibujo, una tela o prenda de vestir o una paleta de colores como la que utilizan como muestrario los pintores de brocha gorda. Si de todos modos te resulta imposible visualizar algún color, no te preocupes, en silencio pide que la luz divina y la sabiduría del Padre cubran tu mente, cuerpo, mundo y circunstancias. Te aseguro que aun cuando no logres percibir el color en tu imaginación, éste ya está actuando. Recuerda que existe una promesa divina que dice: "Pide y se te dará". No te extrañe que cuando realices este trabajo espiritual, te invada una sensación de paz infinita. Acuérdate de que precisamente el estado de paz en tu corazón habla de la cercanía y la alianza del Eterno contigo. Ahora veamos el significado espiritual de cada uno de los colores:

- *Blanco.* En el plano físico, es el que encierra todos los colores. En el espiritual, es el que tiene mayor frecuencia vibratoria y representa la apertura espiritual. Se utiliza precisamente cuando estamos muy apegados a la materia, cuando necesitamos ese nexo con lo supremo, cuando invocamos a Dios.
- *Violeta.* Es el que sigue de frecuencia vibratoria. Representa el perdón y la transmutación. En el plano material, cuando se utiliza el color violeta, luz ultravioleta, es para esterilizar quirófanos, material quirúrgico, pues aniquila todo tipo de gérmenes. Cuando lo utilizas en la mente, representa el perdón y la misericordia de Dios; cuando el deseo de cambio y superación es sincero, también elimina y transmuta los efectos de todo tipo de errores pasados y presentes, al igual que sus causas y sus efectos.
- *Azul.* Representa la voluntad divina, el poder y la protección de Dios. Y es para ello que lo invocamos, para que se haga su voluntad, la cual siempre es perfecta y se encuentra en armonía con el mundo. También para protección personal y para que proteja a los seres que amamos, aun en la distancia. Cuando invocamos el poder divino e imaginamos la luz azul que nos envuelve disminuimos e incluso logramos eliminar (dependiendo de la fe o creencia) las circunstancias materiales que aparentan tener algún poder sobre nosotros o los que amamos (enfermedades, dificultades, deudas, carencias, etcétera).
- *Verde.* Representa la verdad, la justicia, la abundancia y la salud. Y se utiliza todo ello. Imaginarlo y reconstruir ese color en tu mente es tener contacto con la poderosa fuente de la que emana la salud, la abundancia, la verdad y la justicia.
- *Amarillo-dorado.* Representa la sabiduría divina, la inteligencia de Dios y lo utilizamos, lo invocamos y lo imaginamos cuando necesitamos presentar un examen, estudiar, acudir

a la inteligencia y guía divina para tomar una decisión importante.

- *Anaranjado*. Representa la serenidad, la armonía y la paz. A pesar de que la paz se encuentra en todos los colores del espíritu, en éste está particularmente presente pues tiene un nexo, un vínculo estrecho con las emociones. Cuando visualizas este color, las emociones turbulentas de la actividad corpuscular de la mente se convierten en una playa serena, en un lugar tranquilo. También representa la provisión divina, la prosperidad y para estos casos es cuando se utiliza en tu imaginación.
- *Rosa*. Representa el amor divino, el amor de Dios, el océano infinito de todas las posibilidades, donde nace la creación y encontramos el puente, el vínculo que nos lleva con lo supremo, el regreso a casa, al corazón de Dios.

Acude al amor divino siempre que sientas soledad y tristeza, cuando alguien más necesite de esa presencia de amor. Te puedo garantizar que en toda tristeza, en toda adicción, en todo sufrimiento, en toda enfermedad, hay una esencia de desamor.

Éstos son los colores del espíritu, aunque dirás: "Yo no los puedo visualizar". Yo te contesto que estamos despertando a un gigante interior de infinita fuerza y potencialidad, hay que practicar. La práctica hace al maestro.[1] En este momento te pido que no te desesperes si no puedes visualizar los colores del arcoíris. Basta con que lo invoques. Las cosas del espíritu siempre responden. Aunque no los veas con los ojos del rostro, velos con los ojos del espíritu, que fácilmente perciben la cercanía de la presencia del Creador y transmiten un estado de paz indescriptible.

[1] Te sugiero mi libro *Dile adiós al sufrimiento* (Panorama, 2006). Y hay también una colección de audios en CD para trabajar con todos los colores del espíritu que se llama "Colección Estrella de Plata".

Capítulo 13

La magia y el poder de la visualización

Una forma de colapsar energía cósmica y transmutarla en materia

Ya hemos mencionado que la visualización es un proceso mental que equivale al proceso de aceleración en el plano físico o material. También comentamos que los pensamientos viajan a una velocidad mucho mayor que la luz y, por tanto, la visualización constituye un camino inequívoco para cristalizar tus sueños y hacer de cada uno de tus anhelos una realidad, ya que, mediante este proceso es viable darle forma a la energía y traer del mundo invisible al visible lo que construyes con la imaginación, fijando la atención en aquello que deseas lograr.

De tal manera que la visualización se postula como un recurso de gran valía que se encuentra siempre a tu alcance, pues sólo se trata de concentrar energía mediante la atención firme y concentrada sobre lo que deseas lograr, claro que esto puede resultar un tanto difícil al principio, ya que no estamos acostumbrados a concentrar nuestros pensamientos y mantener la atención fija sobre algún objetivo particular.

Por otro lado, recuerda que los pensamientos son impulsos de energía e información. Cuando creas una imagen concentras pensamientos, colapsas energía. No olvides que ésta se convierte en materia. Nuestro proceso de creación comienza con un deseo vehemente y cobra forma con la imaginación. Imagina lo que quieres vivir, cómo te quieres ver, siéntelo y agradécelo: un mundo de amor, abundancia en tus manos, imagina la salud para ti y para los que amas. En cada una de estas construcciones utiliza la avasalladora fuerza del espíritu aplicando los colores espirituales en cada una de ellas.

A continuación, con todo mi amor, te brindaré algunas sugerencias para mejorar tus procesos de visualización y hacer de este maravilloso recurso un camino seguro para cristalizar tus sueños y un camino de ascenso hacia el corazón de Dios, fuente generadora de todo bien:

1. *Pide.* Después de rescatar tu deseo pide la guía y la voluntad divina antes de iniciar cualquier proceso creativo, especialmente el de visualización. Recuerda que toda la energía emana de la Mente Divina, del corazón de Dios, y a Él tiene que regresar: "lo que viene regresa, lo que sube baja, lo que baja sube" (ley del ritmo). Cuando realizamos construcciones mentales sin pedir guía o voluntad divina, nos convertimos en ladrones de la energía cósmica. Por eso conseguimos algún deseo pero por otro medio, parece que la vida nos arrebata algo valioso. ya sabes, *afortunado en el juego…*
2. *Perdona.* Antes de iniciar cualquier proceso creativo, incluso el de visualización, perdona. Cuando no realizas el proceso de perdón, tu construcción mental se edifica en la misma frecuencia vibratoria en la que se ha generado el dolor y el sufrimiento de toda una vida de ignorancia e inconsciencia. De tal manera que a la larga o a la corta e independientemente de que hayas logrado alcanzar la meta, el dolor, el sufrimiento, las carencias, las enfermedades y los conflictos vuelven a ser parte cotidiana de tu existencia.
3. *Relájate.* Antes de sumergirte en el proceso de visualización, es importante que te encuentres relajado y tranquilo con el fin de favorecer la eliminación del estrés excesivo y la construcción de imágenes. Existen varios métodos para

conseguir la relajación. Te sugiero algunos que son muy sencillos y accesibles como:

- Respirar y exhalar suavemente siete veces seguidas.
- Poner atención en el proceso y el ritmo de la respiración.
- Poner atención en los latidos del corazón.
- Tensar y destensar algunas partes de tu cuerpo.
- Imaginar que te metes a una cascada de luz de color naranja y repetir en voz baja siete veces: "La paz y la serenidad de Dios están en mí".

4. *Imagina todo en movimiento.* La vida, como los pensamientos, sentimientos y emociones, siempre se encuentra en movimiento. Tratar de visualizar congelando las imágenes es luchar contra la corriente y produce un gran desgaste, tanto físico como emocional y mental.

Para ilustrar lo anterior, pensemos que deseas un carro.

Primero pide que lo deseas bajo la voluntad divina, para la gloria del Padre, en armonía con el mundo y de manera perfecta, como perfecto es Él. Después perdona imaginando que penetras a una cascada de luz violeta. Pide en silencio que el perdón y la misericordia de Dios eliminen y trasmuten todo lo que consciente o inconscientemente haya generado dolor y sufrimiento en tu vida, y también todo aquello que tú hayas generado a los demás, aun sin darte cuenta. Luego respira suave y lentamente. Contén un momento el aire y exhala poco a poco por los labios. Repite este procedimiento siete veces. Ahora imagina que penetras a una cascada de color naranja que te baña con suavidad y abundancia. Repite siete veces en silencio: "La paz y el amor de Dios me envuelven, la paz y la armonía de Dios están en mí".

Finalmente imagina que te diriges al carro de tus sueños. Abre la portezuela y penetra en él a través de ella. Siéntate con comodidad y coloca la llave en el interruptor de encendido. Ajusta tu asiento y tus espejos. Ponte el cinturón de seguridad y enciente el motor. Goza de este momento en particular. Luego arranca el auto y disfruta su marcha. Maneja por las calles y avenidas cercanas a tu casa, tu lugar de trabajo o los lugares que más frecuentas. Ahora manejas por una autopista y disfrutas de los paisajes. Agradece.

Si ya posees un automóvil, piensa que es el de tus sueños cada que te subes a él y disfrútalo de todo corazón, agradeciendo siempre por el regalo que viene del cielo y que por eso siempre y en cada momento será para bien.

Mantente firme en el propósito de obtener el carro que anhelas; imagina y visualiza que ya lo posees. También sé congruente entre lo que piensas, lo que dices, lo que sientes y lo que haces. Por ejemplo, el sentirte pobre, hablar de carencias y pensar en que no es el mejor momento para estrenar un carro alterarían el colapso de energía que se logra mediante la visualización, y en vez de manifestar un efecto de arrastre o apertura espiritual, se convertiría en un efecto de frenado, generando mayor actividad corpuscular que nos ancla a la fuerza caótica y destructiva de la materia.

Recuerda que en el plano físico, cuando el receptor se encuentra cerrado, cuando nuestros pensamientos, sentimientos y emociones se encuentran distraídos e impregnados por el miedo, la angustia y la preocupación, sólo generamos impresionantes descargas de energía que tarde o temprano se vuelcan contra nosotros mismos, los seres que más amamos y la humanidad entera, independientemente de que hayamos logrado o no el objetivo de nuestra visualización.

Ya lo sabes, sentirnos triunfadores, *el número uno, el mejor*, sin estar en armonía con la naturaleza y el Ser Supremo nos convierte en el clásico poseedor de ciertos bienes materiales, pero vacíos y desgajados en nuestro interior o experimentando pérdidas o tragedias en otras áreas de nuestra vida. Ten presente que visualizar es un recurso infalible para cristalizar tus sueños, y te es otorgado por el Arquitecto del Universo desde el principio del tiempo. Por ello es imprescindible que aprendamos a ser agradecidos e inteligentes.

Hoy que el *Pasaporte a la Dimensión de los Milagros* nos ha permitido tener acceso a las revelaciones que celosamente permanecían guardadas para unos cuantos, sabemos que, por la ley del ritmo, "todo lo que viene, regresa" y "todo lo que sube, baja y lo que baja, sube". Por lo tanto, todo lo que emana de la fuente generadora de vida, del corazón, de la mente infinita del Padre, tiene que regresar a Él. Nosotros, como seres humanos conscientes, tenemos el privilegio de utilizar esa energía de manera esplendorosa, para instalar el reino de Dios en el aquí y el ahora y entregarle toda la gloria a quien realmente le pertenece. ¿No te parece bastante ser un instrumento de la luz y la voluntad divina saber que navegando bajo su amor, protección y guía, todo fluye para bien? ¿No es increíble saber también que no es necesario despojar o privar a otros de las bendiciones que como un manantial infinito emergen del corazón de Dios para todos sus hijos, sino que cuando propicias el bien para los demás, multiplicas tus propios bienes?

Visualiza lo bueno, espera lo mejor.

Capítulo 14

Autoafirmaciones

Un camino hacia la fe

Afirmar es repetir en voz baja una frase en tiempo presente y de manera positiva. La repetición constante de dicha frase nos conduce a la sugestión y luego a la autosugestión, que es cuando deja de ser sólo una repetición y, sin darte cuenta deja de alimentarse de la actividad corpuscular y material de la dinámica de la mente y se convierte en una creencia cuando mediante el efecto de arrastre, colapsa energía. Recuerda, *si lo crees lo creas*, ya que, en sí, la creencia es fe.

De tal manera, cuando la sugestión se transforma en autosugestión, la energía corpuscular de los pensamientos se colapsa para crear *momento*. Esto equivale a cuando las partículas más diminutas de la materia realizan la función de onda y penetran al campo supracuántico o para entenderlo mejor, a la Dimensión de los Milagros. Entonces, como una ola repleta de bendiciones, retornan y transformar la realidad material. En este sentido, lo que comenzó siendo una simple afirmación repetida y consciente, logra fecundar a la mente inconsciente (principio hermético de creación o generación) para transformarse en creencia y ésta, sin duda, es fe.

De esta manera, sencilla pero disciplinada, tenemos al alcance uno de los pasaportes que nos conducen hacia la Dimensión de los Milagros y, por ende, hacia la realización de nuestros sueños, al cumplimiento de la promesa divina: "Conforme a tu fe te será dado".

Sabemos también que la humildad y la gratitud son virtudes humanas que nos enaltecen. De hecho, ambas podrían también considerarse como pasaportes a la Dimensión de los Milagros. Por ello considero importante mencionar y reconocer que el camino de la autosugestión consciente se lo debemos a Émil Coué, un farmacéutico francés que a principios del siglo xx, descubrió el poder curativo de la sugestión, y el conflicto entre la voluntad y la imaginación, lo que lo llevó a la contundente conclusión de que, cuando éstas se contraponen, siempre es la imaginación la que sale ganando.

Émil Coué fue severamente criticado, primero por usar métodos curativos y de rehabilitación sin ser médico y, por otro lado, porque negaba la influencia divina en los resultados espectaculares que lograba su método de autosugestión. No obstante que sido criticado y rechazado por muchos, ha sido vilmente imitado, copiado por otros y pocas veces reconocido. Sin embargo, sus postulados continúan vigentes hasta nuestros días, aunque es lamentable que por ignorancia e inconsciencia no siempre tengan los resultados esperados.

Coué descubrió que para obtener resultados espectaculares en la rehabilitación de los enfermos no era necesario recurrir a la hipnosis. Bastaba con la repetición de ciertas frases de carácter positivo para lograr curaciones que incluso en la actualidad podrían catalogarse como milagrosas. A su método de rehabilitación le denomino *sugestión consciente*. También utilizó la construcción de imágenes mentales y visualización como recursos terapéuticos. Como ya te mencione, él afirmaba que cuando se contrapone la voluntad contra la imaginación, siempre sale ganando la imaginación.

El método y la frase que Coué sugería es el siguiente:

> Todas las mañanas al despertar y en las noches, una vez acostados, cierren los ojos y, sin tratar de fijar la atención en lo que están diciendo,

repitan 20 veces, lo bastante alto para escuchar las propias palabras, y desgranando un cordel de 20 nudos, la frase siguiente: "Día tras día, desde cualquier punto de vista, me siento cada vez mejor".

En este sencillo método de sugestión consciente podrás darte cuenta de que se hace evidente la acción del principio hermético de creación o generación, en el cual el pensamiento consciente (de índole masculina), fecunda a la mente inconsciente (de índole femenina): justamente por medio de la repetición se logra dicha fecundación, se pone de manifiesto la transformación o creación.

Por otro lado, presionado por las críticas, y aun cuando afirmaba que no veía nexo alguno entre la religión y autosugestión, Coué decía que el método funcionaba mejor cuando se aunaba la fe religiosa.[1] No obstante, con el tiempo se deslindó de toda influencia divina y su método queda como uno de los pilares del pensamiento positivo, y sus postulados son la estructura básica de las muchas corrientes que existen en la actualidad y que utilizan la visualización, las afirmaciones y la autosugestión consciente.

Hagamos un reconocimiento al gran hombre que con gran sencillez realiza una aportación de tal magnitud para beneficio de la humanidad. Realicemos también un análisis consciente del impacto real de sus postulados.

Bastaría darnos cuenta de que a pesar de que su método y aportaciones tienen ya más de un siglo de existencia, el mundo y la humanidad no sólo no han mejorado, sino que tal parece que empeoramos, tal como se evidencia en el mundo convulso y violento que hoy enfrentamos.

Tú, que ya cuentas con el pasaporte que no sólo te permite el acceso a la Dimensión de los Milagros, sino también a la cámara de las revelaciones en donde aguardan el conocimiento y la sabiduría, entenderás ahora que si se cambia un pensamiento negativo por uno de índole positiva, sin ningún componente espiritual, se realiza en el plano mental lo equivalente a una fusión nuclear

[1] Citado en René Centassi y Gilbert Grellet, *Mejor cada día*, México, Diana, 1997.

en el plano material, en la que sólo se obtiene el desplazamiento de la energía que tarde o temprano explota como bombas atómicas, generando caos y destrucción en nuestras vidas, en la de los seres que más amamos, en la de cada ser humano y, desde luego, en el planeta que el Creador nos regaló como hogar.

Para muestra basta un botón. En Estados Unidos el pensamiento positivo obtuvo un gran auge y permanece, aun como modelo de pensamiento después de un siglo.

Sin duda este tipo de pensamiento favoreció la construcción de inmensos bienes materiales e impulsó a este país hasta lograr ser una gran potencia mundial. Pero hoy en día, y ya desde hace mucho tiempo, es bien sabido por todos que se encuentra en declive y que sus logros materiales, obtenidos con bombos y platillos, desaparecen en una crisis de dimensiones descomunales que arrastra a la humanidad inconsciente. Pero, antes de ello, los estadounidenses han enfrentado toda clase de adversidades: adicciones, violencia familiar, guerras, etcétera. Desde mi punto de vista, todo esto se debe en gran medida a las consecuencias de las fusiones nucleares que por ignorancia e inconsciencia realizamos cuando nuestras metas, propósitos y construcciones mentales se encuentran encaminadas hacia el logro de bienes materiales, cuando sólo se pretende ser el número uno y se nos olvida el servicio que debemos a la vida y a los demás, pero sobretodo, cuando dejamos fuera nuestra fuerza espiritual que es la que nos mantiene unidos a la fuerza generadora de toda la vida.

No obstante, es de llamar la atención que en su toma de posesión Barack Obama pidiera la guía divina para ejercer su mandato. Incluso recordarás que durante la ceremonia se rezó el Padre Nuestro, oración hebrea que Cristo Jesús hizo universal. Incluso en algún momento el flamante presidente de Estados Unidos hizo alusión a la figura de Abraham Lincoln, quien siempre pedía la guía y la orientación divina para tomar decisiones y gobernar a ese gran país.

No cabe la menor duda de que Lincoln fue uno de los grandes hombres de la humanidad, y que a pesar de enfrentar situaciones verdaderamente difíciles, llevó a Estados Unidos a forjar una grandeza infinita, misma que comienza a declinar cuando se deja al Ser Supremo fuera y se instala el afán por el poder, el logro, la posesión de bienes materiales y la explotación del débil o más necesitado.

De igual manera, te aseguro que si se utiliza la fuerza del pensamiento humano y las construcciones mentales sólo con fines egoístas e individualistas que alimentan a la soberbia, la lucha y la explotación del hombre por el hombre, ganamos sólo en apariencia, pero en realidad perdemos, ya que, por ley del ritmo y ausencia de fuerza espiritual consciente, ganamos en una pero perdemos en 20; después de lo bueno viene lo malo.

Dios bendiga y guíe a Barack Obama en su gran misión de reconstruir a esa gran nación. Y, si de algo sirvieran estas líneas que salen del corazón, pediría un trato justo y humanitario no sólo para mis paisanos que buscan en ese país una oportunidad de trabajo para construir una vida más digna y mejor para ellos y sus familias, sino para todo aquél que busca en ese país, que en antaño fue generoso con el emigrante, la oportunidad de una nueva vida.

Enseñémosles a voltear al cielo, a realizar oración para entablar un nexo con la fuente generadora de toda la vida, y permitámosles el acceso a la educación, la cultura y las artes como un medio de superación; veamos cómo las fuentes de trabajo se generan a raudales y la añadidura prometida se hace manifiesta.

Pero continuemos con la importancia de las afirmaciones en nuestros procesos creativos. Para agregar el componente espiritual y realizar en el plano mental, lo que en el plano físico equivale a la aniquilación total, el proceso cuando se coloca materia con antimateria, es decir un pensamiento material, con pensamientos de índole espiritual, es viable utilizar el que el mismo Émil Coué sugirió en algún momento de su trayectoria: "Con la ayuda de Dios, día tras día, desde cualquier punto de vista, estoy mejor".

Sólo te sugiero que en este caso la repitas, en voz baja pero audible, 21 veces en vez de 20. La explicación es la siguiente:

Es importante que tanto en el plano consciente como en el inconsciente exista un componente espiritual. En la conciencia ya lo logramos al incluir la frase *con la ayuda de Dios*. Ahora penetraremos en el plano de la mente inconsciente donde al igual que en el mundo subatómico de la física, se encuentra el océano infinito de todas las posibilidades.

Empecemos con el *número 7*, que es el número de la creación, pues son siete los días de la semana, siete los días en que se creó el mundo, siete las notas musicales y siete los colores del arcoíris.

El *número 7* lo debemos multiplicar por el *número tres*, que representa la trinidad divina del Padre, el Hijo y el Espíritu Santo. El resultado es 21.

Así, con toda confianza puedes realizar tus autoafirmaciones tranquilo y certero de que te mantendrás conectado con la fuente generadora de toda la vida, y que no sólo estás desplazando energía que en algún momento se convertirá en verdaderas bombas atómicas de violencia y destrucción, sino que la energía retornará a su origen, para abrir las puertas del cielo de la que emanan bendiciones sin fin para ti, para los tuyos y para cada uno de los amadísimos hijos del Creador.

Claro que para dejarle la gloria a Dios, se necesita ser humilde y agradecido. Más adelante hablaremos de la importancia de estas dos cualidades que allanan el camino de reencuentro con el Ser Supremo en el aquí y el ahora.

Capítulo 15

La fe: una antorcha encendida

> En verdad les digo que si tienen fe y no dudan, no sólo harán lo de la higuera, sino que aun si dicen a este monte: 'Quítate y échate al mar,' así sucederá. Y todo lo que pidan en oración, creyendo, lo recibirán.
>
> *Mateo* 21, 21-22

La fe es la certeza de lo que aún no llega, es un recurso infalible para transformar la realidad material y, desde luego, también, un pasaporte automático a la Dimensión de los Milagros.

La fe para la religión católica es la primera de las virtudes teologales, que nos permite acceder a los atributos de Dios.

En este sentido nuestro hermano mayor Cristo Jesús decía: "En verdad les digo que si tienen fe y no dudan, no sólo harán lo de la higuera, sino que aun si dicen a este monte: 'Quítate y échate al mar,' así sucederá".[1]

También cuando, Tomás, uno de sus discípulos, dudaba de su retorno después de su muerte y sepultura, Él se hizo presente le dijo: "¿Por qué me has visto has creído? Dichosos los que no ven y creen".[2]

[1] *Mateo* 21, 21.

[2] *San Juan* 20, 24.

Éste es el verdadero sentido de la fe: creer en lo que aún no llega, pero esperarlo con infinito gozo en el corazón. Porque también existe la fe negativa, la que también espera con certeza la llegada de algo malo, algo nefasto. En este caso, la fe es expresión viva del miedo, aunque sólo sea creencia. Si lo crees lo creas, si lo presientes lo esperas, si lo esperas ¡lo atraes!

Recuerda que cuando el pensamiento *fecunda* al sentimiento, es decir, lo acompañas, generas y creas en tu mente (principio hermético de creación o generación), y lo que se ve reflejado en el plano material.

Por lo tanto podemos entender que la fe positiva por sí misma equivale a un proceso mental muy profundo de aniquilación total, pues eleva los pensamientos y sentimientos de lo corpuscular, donde reina el miedo que nos ancla a la materia, a lo espiritual, donde el amor prevalece y nos acerca al corazón de Dios. Es decir, se cambian pensamientos y sentimientos de índole negativa por los de índole positiva, además de agregar un componente espiritual: la confianza en la bondad y la misericordia del Ser Supremo.

Recuerda que la actividad corpuscular de la mente es donde prevalece la dualidad, el conflicto, el caos y la destrucción, ya que los pensamientos y los sentimientos se encuentran alentados por la fuerza material en la que prevalece el miedo. Además viajan incansablemente entre el ayer que ya no es más, y el mañana que tal vez jamás llegará; dos tiempos que nos desfasan del momento presente, que es el único que nos pertenece. Por otro lado, la actividad espiritual de la mente se manifiesta como un estado de paz interior que se experimenta en el momento presente, en el eterno hoy.

En el terreno de la física, de la astrofísica, siendo más precisos, Shahen Hacyan nos dice: "Sólo una partícula que viaje más rápido que la luz lograría penetrar al hoyo eterno, evitar la singularidad y salir en el otro universo".[3] Sabemos que los pensamientos viajan a una velocidad mucho mayor que la luz. Sabemos también que cuando los pensamientos van acompañados de un sentimiento

[3] Shahen Hacyan, *Los hoyos negros y la curvatura del espacio-tiempo*, México, Fondo de Cultura Económica (La Ciencia para Todos), 1998.

profundo y sostenido, en nuestro interior se lleva a cabo el proceso de fecundación o creación (principio hermético de generación o creación). Por tanto, podemos entender claramente que la fe por si misma nos permite sostener por medio de de la creencia, los pensamientos y sentimientos unidos y concentrados altísimas frecuencias vibratorias que nos acercan al corazón de Dios. Así es posible transformar y trascender la realidad.

Cuando la fe (es decir, nuestra creencia) se alimenta por la confianza y el amor de un Ser Supremo, nuestra conciencia se expande hasta el infinito y nos permite sintonizarnos con los pensamientos de Dios: "Y vio Dios que sus obras eran buenas".[4] De ahí que la fe nos convierta en cocreadores de la realidad material. Con ello podemos entender que nuestra semejanza con el creador del universo consiste precisamente en nuestra capacidad creadora.

Cuida que tu fe se encuentre alimentada por el amor y nunca más por el miedo. Espera lo bueno y lo bueno llegará a tu vida. Espera lo malo y, no lo dudes; lo malo llegará a tu vida. La decisión es tuya, tú eliges lo que quieres creer.

Como Wiliams James decía: "Haz como que crees y acabarás creyendo". Tú servidora dice: "Haz como que crees y acabarás viviéndolo".

[4] *Génesis* 1, 10.

Capítulo 16

El amor

> El amor todo lo puede.
>
> VIRGILIO

> No puede amar a otro el que a sí no se ama, ni amarse el que a sí no se conoce.
>
> FRANCISCO DE QUEVEDO

> Dios es amor, y aquel que mora en el amor mora en Dios, y Dios en él.
>
> *JUAN* 4, 16

El amor es la expresión más hermosa y sutil del Creador, es por ello que cuando amas, ¡no lo dudes!, ya te encuentras en la Dimensión de los Milagros, muy cerquita del corazón de Dios. Decía san Agustín: "Ama y haz lo que quieras". Con este postulado podemos entender que cuando amas, el miedo, el egoísmo y la mezquindad desaparecen y por tanto resulta fácil pensar en el bienestar de los demás y desear para los otros, lo mismo que desearías para ti. El que ama no roba, no miente, no daña, no lastima, no mata; el que ama es en el aquí y el ahora, la mano extendida del Creador y una fuente de luz para el mundo.

No obstante, el autoengaño y la mezquindad características de la inconsciencia nos pueden confundir y disfrazar de amor aquello que no lo es. Incluso sería contrario a ese sentimiento noble, a la energía pura que irradia el amor. Por todo esto, considero importante establecer algunas diferencias entre lo que es, y que no es amor.

El amor no es pasión, manipulación, chantaje, posesión o dominio sobre otro, lastimar a algún tercero en nombre del amor, ponerse de tapete, comprar afectos, mentir para conseguir algo, callar o reprimir sentimientos, egoísmo o pensar sólo en uno, lucha de poder, utilizar a los demás para mi beneficio, andar por la vida causando lástimas (ser víctima), lastimar o perjudicar a los demás con la palabra, pensamiento, sentimiento o acción (ser victimario), juzgar o criticar a los demás, repetir con otros lo que más daño me causó, ser intolerante, alentar el resentimiento, ser desconfiado (quien no confía en si mismo, no puede confiar en los demás). *El amor es* paciencia, perdón, confianza, comprensión, compasión, aceptación, tolerancia, tratar a los demás como tú mismo quisieras ser tratado. El amor no daña ni destruye. El amor es respeto, es comunicación, saber escuchar, saber decir *no*, saber poner límites y reglas, saber expresar lo que sentimos sin dañar, ponerse en los zapatos del otro, desear el bien, buscar el bien y la belleza, dar sin esperar nada a cambio, recibir y valorar, Es el deseo de compartir las cosas buenas y hermosas con el ser amado, de compartir los momentos difíciles y el dolor por alguna pérdida. El amor traspasa tiempo, geografía y espacio. Es pensar en el otro, antes que en uno mismo. El amor no cansa, sino es impulso y alimento para el alma y el espíritu. Es percibir y sentir la presencia del Creador en lo grande y en lo pequeño.

Así que ya lo sabes, para acceder a la Dimensión de los Milagros: ¡Basta el amor! Primero *ama al Señor, tu Dios, con todo tu corazón, con toda tu alma y con toda tu mente*. Enseguida, ámate a ti mismo, pues este es el parámetro o la medida del amor: “Ama a tu prójimo como a ti mismo”.[1] Ama lo que haces, ama a la vida, a los demás; procura ver en los otros lo que Dios depositó en cada uno de sus hijos desde el principio del tiempo; ama el milagro de cada amanecer y de cada anochecer, ama al Creador del Universo y aprende a percibirlo en ellos, en el canto y el vuelo de las aves, en el aroma y el color de las flores, en la sonrisa de un niño, en las lágrimas de un anciano, en la luna cuando parece una sonrisa dibujada en el

[1] *Mateo* 22, 39.

cielo, cuando parece un espejo de luz, en la luz y en el calor del sol, en el brillo de una estrella, en el viento que acaricia tu rostro, en la lluvia fresca que renueva a la vida, en cada latido del corazón y en las mil formas con las que el Arquitecto del Universo te dice que te ama y que está ¡siempre contigo!

Amar es sonreír, ver el lado bueno de la vida, esperar lo bueno lo perfecto y lo mejor. Aun cuando la materia diga que no, el espíritu que está alentado por el amor dice: ¡sí!

Amar es un privilegio, un regalo del cielo. Cuando el amor te alienta no hay cansancio, no hay sufrimiento, no hay miedo. Vivir alentado por el amor es caminar confiado, sereno, es despertar contento con el corazón henchido de esperanza y gratitud por el día que comienza y las mil bendiciones que el Ser Supremo tiene deparadas para ti y para los tuyos. Es terminar el día con dicha infinita en el alma y gratitud sin parangón, porque el amor también es gratitud.

Capítulo 17

La gratitud

> La gratitud es la memoria del corazón.
>
> LAO-TSÉ

La gratitud también es un pasaporte que nos lleva directo a la Dimensión de los Milagros, de regreso a casa, al corazón de Dios, y nos mantiene tomados de la mano del Creador en el aquí y el ahora. Solamente un corazón agradecido puede percibir lo bueno, pues es el que ha logrado despojarse de la prisión del resentimiento, dejar de lado la soberbia, los celos, la envidia, el egoísmo y la mezquindad para convertirse en un receptor abierto que permite el paso de la energía divina, por lo que vive lleno de dicha y esperanza, pleno de las cosas buenas que bien sabe que emanan del corazón de Dios.

En este sentido, el doctor Emoto menciona: "No todo está perdido, existe la esperanza, la salvación: se llama *amor y gratitud*".[1] Este investigador señala que cuando él comenzó a tomar fotografías del agua, las partículas que conforman este líquido maravilloso, que reconoce como *el mensajero de lo divino*, nos damos cuenta de que las palabras, la música y el entorno que nos rodea tienen un impacto directo en nosotros por las moléculas del agua. En dichas

[1] Masaru Emoto, *Los mensajes ocultos del agua*, México, Alamah, *2005*.

fotografías nos muestra verdaderas joyas que reflejan nuestros pensamientos, nuestras palabras y nuestras intenciones en la estructura molecular del agua.

El doctor Emoto también nos muestra la importancia que tienen estos componentes mentales cuando llevan una connotación de índole negativa, como cuando decimos *torpe* o cuando nuestros pensamientos, palabras, y sentimientos están impregnados de violencia. En este caso, la estructura molecular del agua se transforma, se prepara para el proceso de descomposición. Mientras que cuando usamos palabras de amor y gratitud, se forma una estructura molecular más bella, como el más puro diamante, como la más bella joya que cualquiera pudiera imaginar.

Mucho tiempo se ha hablado de la fuerza del pensamiento sobre la realidad. La física cuántica lo confirma; las fotografías del doctor Emoto lo demuestran como una realidad contundente, aún en las partículas más diminutas que habitan en el agua.

El doctor Emoto dice que el agua es un elemento maravilloso, mensajero de lo divino y que la estructura más hermosa, la cual parece una joya de incalculable valor, se forma con palabras de amor y gratitud.

Las palabras son pensamientos expresados verbalmente y con las aportaciones de este gran investigador podemos constatar una vez más el impacto del pensamiento en la realidad material, en la estructura subatómica o mundo molecular de los elementos, particularmente en la del agua.

Recuerda que tanto nuestro cuerpo como nuestro planeta están conformados por tres cuartas partes de agua.

Entonces, recuerda que el amor es un pasaporte automático a la Dimensión de los Milagros que nos permite navegar en el infinito océano de posibilidades, y por ende atraer y manifestar en el aquí y el ahora todas las cosas buenas que emanan de la mente infinita del Padre.

La gratitud también es un pasaporte que nos permite entrar por la puerta grande a la Dimensión de los Milagros y regresar impregnados de la gloria y el amor de Dios a esta realidad material. Así que, ya lo sabes, la gratitud te permite entrar al mundo invisible que sólo puede ser percibido con el corazón; a la fuente de origen, al corazón de Dios, y retornar al plano material en el que tú, como nuestro hermano mayor, puedes decir que aun cuando te encuentras en este mundo o plano material, tu reino es de otro mundo: el Mundo o Dimensión de los Milagros, los cuales se hacen manifiestos en tu vida como cascada de bendiciones, como respuesta a cada invocación al Ser Supremo.

Mantén tu corazón lleno de amor y de gratitud hacia la vida, a las cosas buenas que llegan cada día. Ve lo bueno en las personas, ve un poquito a los demás como nos ve Dios. Aprende a aceptarte como alguien muy especial. Agradece el milagro de la vida, cada amanecer, cada latido del corazón, el renacer de una primavera, la llegada del otoño y del invierno. Agradece la llegada del verano con sus lluvias y los frutos de la tierra, la danza de las hojas de los árboles con el viento. Hay tanto, tanto que agradecer, que te aseguro que la vida entera no alcanzaría para dar gracias por todas las bendiciones con las que Dios colma nuestra vida. ¡Despierta ya! ¡Agradece! ¡Mantente unido a la fuerza suprema, a la fuente generadora de toda la vida y sé huésped permanente del corazón de Dios!

Simplemente ¡agradece!

Capítulo 18

Ver lo que hay y bendecir

Y alzando los ojos al cielo,
recitó la bendición.

Mateo 14, 19

Dejar de ver lo que no hay, lo que no te gusta, lo que ya no quieres vivir y comenzar a ver lo que sí hay, lo que te gusta y lo que en realidad deseas, es dejar de parecer indigente y dejar de sentirte como una hoja al viento, para descubrir que eres millonario y cocreador de tu existencia, pues precisamente aquello en que pones la atención, por ley de atracción, lo atraes.

Si quieres salud, deja de pensar en la enfermedad y piensa en la salud. Imagínate sano, realizando todo aquello que te gustaría realizar disfrutando un estado perfecto de salud. Si quieres dinero y bienestar económico, deja de pensar en la pobreza, las carencias y las deudas. Imagina riqueza, abundancia y prosperidad, que toda la correspondencia y llamadas que llegan a tu vida son bendiciones y buenas noticias. Si quieres bajar de peso, deja de pensar en la gordura, de comer con miedo y con culpa. Imagina que eres una persona esbelta y sana que toda la ropa te luce de maravilla.

Bendecir es multiplicar, es el *bien decir* que exacerba todo lo bueno. Por eso es importante que te fijes qué es lo que bendices, porque si bendices al asaltante, al criminal o al secuestrador, por ley estás incrementando aquello que seguramente ya no quieres vivir, ni experimentar en tu vida o la de los seres que más dices amar.

Esto no quiere decir que no puedas hacerlo, pues te aseguro que son ellos los que viven de espaldas a la vida, arrebatando lo que ignoran que por derecho divino les pertenece. Son los que más necesitan no sólo una bendición, sino también una oración y un genuino perdón, ese que sale del corazón.

Bendice su esencia, que es la Presencia de Dios en todo ser humano, pide que se manifieste la verdad y la justicia en ellos. Pero las acciones que tanto daño causan jamás las bendigas pues estas se multiplicarían.

Para las acciones sería muy conveniente aplicar el perdón, pero también es importante que aceptes el derecho que tienes de sentirte enojado o incluso furioso, pero no permitas que los errores de otros te enganchen en frecuencias vibratorias más densas, donde se generan el dolor y el sufrimiento y te conducen a experimentar experiencias que energéticamente te hacen resonar con la emoción original.

Para evitar caer en estas situaciones acepta que tienes derecho a sentirte enojado, separa personas de actitudes. Recuerda que te encuentras molesto, incluso furioso sólo con la actitud, no con la persona. Imagina que una luz violeta te envuelve y que la ley del perdón te eleva y te mantiene en el corazón de Dios, al igual que al agresor (pide para otro, lo que quieras para ti). También saca tu ira golpeando un cojín, y no olvides bendecir la esencia del agresor y de cada uno de los hijos de Dios.

Respecto al dinero, cuando llegue a tus manos cualquier cantidad, por pequeña que ésta parezca a los ojos de la materia, en vez de verla con ojos de desprecio y traer a tu mente todo lo que tienes que pagar y expresar: “¿Esto para qué me alcanza?” o “Esto no me sirve para nada”. Recuerda que, si tú lo dices, así será. Mejor agradece y bendice la añadidura que Dios ha puesto en tus manos y pide por que ese dinero se multiplique para bien, no sólo tuyo, sino para todos y cada uno de los hijos amadísimos de Dios.

Es poco probable –pero no imposible, si lo puedes imaginar y si tienes fe, lo puedes crear– que al momento se multiplique el dinero que tienes en tus manos, pero lo que sí te aseguro es que Dios mismo abre las puertas del cielo y, por un camino u otro, los recursos necesarios comenzarán a llegar a ti.

Ve lo que quieres, no lo que no quieres, bendice lo bueno para que se multiplique, agradece, siempre agradece, y camina confiado al saber que quien hizo mar y tierra camina contigo y vive en ti.

Capítulo 19

La humildad

El que se ensalza será humillado,
y el que se humilla será ensalzado.

San Lucas 18, 14

La humildad refleja de manera perfecta la acción inequívoca de la ley del ritmo, la que señala que todo está sujeto a un eterno retorno: "Lo que viene va; lo que sube baja". El agua que se evapora y regresa como lluvia, el soberbio cuya caída es estrepitosa y el humilde que es levantado por la misma mano del creador para llevarlo a su corazón en el aquí y el ahora, todos expresan este principio hermético.

La humildad te permite caminar ligero, sin lápidas de soberbia ni vanagloria. Te permite también reconocer que todo honor y toda gloria le corresponden sólo al Creador, al Arquitecto del Universo, y con ello abrir la puerta de par en par a la gratitud para mantenerte siempre dichoso y agradecido por el manantial infinito de bendiciones con el que colma tu vida en todo momento y en todo lugar.

La humildad no sólo es un pasaporte automático a la Dimensión de los Milagros, sino también una vacuna espiritual contra la soberbia, que es el defecto de carácter que nos separa de lo divino, nos pone una venda de autoengaño en los ojos, y que en su tendencia a la represión nos despoja de la dignidad humana y nos encubre con la máscara de víctimas, por lo que atrae todo tipo de victimarios a nuestra vida y todo tipo de tragedias, dolor y sufrimiento.

La humildad nos permite reconocer nuestra fragilidad, pequeñez y finitud humana, mostrándonos nuestra infinita grandeza interior. Nos ayuda a entender cabalmente que si bien por nosotros mismos nada podemos, con Él y en Él todo es posible.

Capítulo 20

El aquí y el ahora

¡Vive el momento presente!

> No se preocupen por el día de mañana; porque el día de mañana se cuidará de sí mismo. Bástenle a cada día sus propios problemas.
>
> *Mateo* 6, 34

Ya habíamos comentado que la actividad corpuscular de la mente, la que nos ancla a la fuerza caótica y destructiva de la materia, se alimenta del ayer que, como diría el gran filósofo, "tuvo su tiempo, pero ya no es más", y del mañana, que aún no llega. Vivir alentado por estos tiempos que no nos pertenecen genera vergüenza, culpa y temor por lo acontecido en el ayer, y angustia y miedo por lo que pudiera pasar mañana.

Esta actividad mental, además de generar angustia, depresión, neurosis y ansiedad, disminuye la frecuencia vibratoria tanto de los pensamientos como de los sentimientos y por ley de atracción, llamamos conflictos, carencias, enfermedades y todo tipo de limitación humana. Y, por ignorancia e inconsciencia como siempre, culpamos a Dios de nuestras desgracias.

Vivir conscientemente el aquí y el ahora es experimentar el presente, el único que nos pertenece y desde el cual es posible aprender del ayer y construir el mañana. Es el único momento que nos permite voltear al cielo, invocar su ayuda y tomarnos de la mano de Dios.

Cuando logramos concentrar nuestros pensamientos y sentimientos en el aquí y el ahora estamos traspasando las fronteras de la materia y accesando a la Dimensión de los Milagros.

El Padre Nuestro, la oración hebrea que Cristo Jesús hace universal, dice: "El pan nuestro de cada día, dánoslo *hoy*". Hoy es el momento con el que se construye la eternidad. Cuando nos ubicamos en cada hoy, podemos darnos cuenta que lo tenemos todo, que nada nos falta.

La angustia surge por los padecimientos y carencias de antaño y por lo que pudiera pasar mañana. Cuando experimentas intensamente el momento presente y te concentras en cada instante, en cada hoy, la turbulencia de la mente inconsciente se amaina y es posible experimentar una infinita paz interior.

Si vives en el aquí y el ahora, es posible sentir muy cerquita la presencia del Creador. Recuerda que el ayer es nuestra universidad, es el camino recorrido que nos permite aprender de las experiencias, ponernos en los zapatos de los demás, perdonar, crecer y trascender. El mañana sólo es una puerta de esperanza y cada hoy, nuestra oportunidad.

Más adelante te proporcionaré algunas sugerencias para concentrar la mente en el aquí y el ahora y experimentar con intensidad el tiempo presente y así aprender a caminar tomados en todo momento y en todo lugar de la mano del Padre, de la fuente generadora de toda la vida.

Capítulo 21

El yo soy metafísico

> En el principio era el verbo, y el verbo estaba con Dios y el verbo era Dios, todas las cosas fueron hechas por Él y sin él nada se hizo de cuanto existe.
>
> Antes que Abraham fuese, yo soy.
>
> *San Juan* 8, 58

Cuando Dios habló con Moisés en el zarzal y se hizo presente al hombre, se identificó con el nombre de *yo soy el que soy*. Un segmento de la Biblia, el cuarto mandamiento, dice: "No tomarás en vano el nombre de Dios, porque no dará por inocente Jehová al que tomare su nombre en vano".

Para Conny Méndez[1], las palabras *yo soy* despiertan y ponen en alerta la energía vital en cada ser vivo, porque estas palabras son sagradas y equivalen al nombre del Dios Creador. Es precisamente por ello que estamos hechos a la imagen y semejanza del Padre, pues nuestro *yo superior* o *magna presencia*, que es la esencia misma de Dios, permanece en el hijo del hombre en todo momento y en todo lugar.

Las palabras son pensamientos hablados, energía que se manifiesta en la vibración del sonido. ¿Recuerdas el principio hermético de vibración? "Las palabras tienen su musicalidad, entran por

[1] Conny Méndez, *El nuevo pensamiento*, Buenos Aires, Giluz, 2013.

nuestros poros para que puedan vibrar dentro de nosotros y ayudar a elevarnos a encontrar la luz."[2]

Es por ello que debemos ser cautelosos y conscientes cuando mencionamos las palabras sagradas *yo soy*, ya que, ahora lo sabes, aluden a la presencia de Dios en ti y ponen en acción a la fuerza creadora del universo.

Cuida de que las palabras que sigan a la mención de tu *yo superior* no hagan alusión a aspectos de índole negativo, como: soy tonto, estoy enfermo, soy pobre.

Por otro lado, el universo entero se confabula para dar vida a los conceptos que siguen a la mención del *yo soy*. Esto no quiere decir que neguemos la enfermedad, el error que se cometió, la carencia o la situación difícil por la que estamos atravesando, sin atribuirlas a tu esencia, que es la presencia de Dios en ti. Para ilustrar esto te sugiero decir algo como los siguientes ejemplos:

- En vez de decir: "soy tonto", di: "Cometí una tontería".
- En vez de decir: "estoy enfermo", di: "Soy una persona sana, cursando con una enfermedad".
- En vez de decir "Soy pobre", di: "Yo soy rico por herencia divina, enfrentando y solucionando una situación de carencia".

Recuerda que las situaciones y las actitudes se pueden cambiar. Lo importante es que descubras la dignidad y el señorío que te aporta el saber que el nombre de Dios es parte de tu esencia, de tu realidad, y que con su sola mención toda la fuerza creadora del universo se pone al servicio del hijo del hombre, criatura amadísima de Dios, que eres tú. "E hizo Dios al hombre a imagen suya, a imagen de Dios lo creó."[3]

Ahora que conoces el inmenso poder de las palabras que hacen alusión a la fuerza creadora del universo, y que en realidad es el nombre de Dios creador en ti y en cada ser humano, te pido que seamos responsables de lo que decimos y, cuando un niño o

[2] Beatriz Borovich, *Kabalah, un camino hacia la luz*, Lumen, 2006.

[3] *Génesis* 1, 27.

cualquier persona cometa algún error, señálalo, pero no lo califiques como tonto o con cualquier otro peyorativo, pues estás calificando el nombre de Dios que permanece inalterable en cada ser vivo; estás negando la verdad, pues nuestro Padre es perfecto, y si tú le niegas a otro ser humano la oportunidad de manifestar la verdad que nos hace libres, de manifestar de la divinidad en el aquí y el ahora, también te será negada a ti ¿Recuerdas la ley del círculo?

Ahora lo sabes bien, las palabras que siguen al *yo soy*, el nombre de Dios en ti, son una orden para el universo. Es lo que los metafísicos llaman decretos: pensamientos expresados verbalmente y como nuestro hermano mayor decía: "No es lo que entra por la boca lo que mancha al hombre; más lo que sale de la boca es lo que mancha al hombre [...] Más las cosas que salen de la boca del corazón salen, y estas son las que contaminan al hombre".[4]

En este sentido dice Conny Méndez: "Cada palabra que pronuncias es un decreto. Positivo o negativo".[5] Por tanto, según la índole de tus palabras o tus comentarios cotidianos, será la experiencia que enfrentas cada día. Esto funciona de igual manera si lo que decretas es para ti, para los seres que más amas, para los que odias o para cualquiera de tus prójimos, y todo se te devuelve multiplicado.

Así que deja de culpar a Dios, a la vida y a los demás de las múltiples tragedias que has tenido que enfrentar. Mejor cuida lo que dices, sé responsable de tus pensamientos, sentimientos, palabras y acciones. Procura que tus palabras reflejen el estado de tu alma. Que tu corazón se encuentre libre de todo resentimiento y sentimiento negativo para que la energía creadora que emana del corazón de Dios, por medio de tu yo superior, tu *yo soy*, se manifieste en el aquí y el ahora como un infinito manantial de bendiciones para ti y para cada uno de los hijos del Creador.

En vez de criticar y juzgar a los demás, bendice la presencia de Dios en cada ser humano y pide que se manifieste el bien y la verdad: "No juzguen para que no sean juzgados, porque con el juicio

[4] *Mateo* 15, 10-18.

[5] Conny Méndez, *op. cit.*

con que ustedes juzguen, serán juzgados; y con la medida con que midan, se les medirá".[6]

Cuando veas que alguien comete un error, enseguida separa personas de actitudes. Esto es, la persona como tal, que Dios bendiga su esencia y permita la manifestación del bien y la verdad de la divina presencia *yo soy*.

Las actitudes, que podemos cambiar, son las que te enojan. Acepta el derecho que tienes para estar molesto, pero también acepta la obligación y la responsabilidad que tenemos como seres humanos conscientes para que nuestras emociones, enojos, molestias, envidias, celos y demás chuladas de la inconciencia no dañen a los demás, y finalmente a ti mismo, pues recuerda que lo que deseas para otro, regresa a ti multiplicado.

Descubre la grandeza y el privilegio de la presencia de Dios en ti, de la fuerza creadora del universo por medio de la Presencia *yo soy*, que es el nombre de Dios que espera *la orden* o lo que sigue a la mención de las palabras sagradas para manifestarlas en tu realidad material en el aquí y el ahora.

Ahora entiendes por qué no has de decir el nombre de Dios en vano. Piensa lo que dices y que lo que dices sea reflejo de lo que hay en tu interior: un corazón limpio por el cual fluye de manera libre y diáfana la energía que emana del corazón de Dios.

[6] *Mateo* 7, 1-2.

Capítulo 22

El nombre de Díos dentro de tí

Yo soy el Eterno dentro de ti.[1]

En Él era la vida y la vida era la luz
de los hombres.

JUAN 1, 4

Los avances científicos y tecnológicos del último siglo no han logrado revelar el misterio de nuestra esencia, de nuestro origen ni otorgado respuesta a las eternas preguntas como ¿Quiénes somos? y ¿De dónde venimos?

Muchas son las formas y caminos con los que la humanidad ha buscado su origen, identidad y propósito en esta vida. Sin embargo y por desgracia, el objeto principal de esta búsqueda se ha centrado en todo aquello que se puede ver, medir, tocar y cuantificar.

Es importante recordar que no sólo somos materia, sino también espíritu, que toda la creación material que podemos percibimos por medio de los cinco sentidos emerge de una fuente espiritual sutil e imperceptible a los canales sensoriales. También es importante señalar que, si todo el universo está conformado por átomos, y éstos están estructurados por 99.9% de vacío o no materia (fuerza espiritual), y si nosotros formamos parte de la creación, es claro que también en nosotros exista 99% de fuerza espiritual, o mundo sutil, que jamás podrá ser percibida por el ojo humano. Esto no quiere

[1] Gregg Braden, *El código de Dios*, México, Tomo, 2005.

decir que este campo no exista, sino que se requieren otros instrumentos de medición para poder percibirle y con ello despertar al gigante interior que yace dentro de cada ser humano, y así descubrir el potencial infinito y poder personal con el que contamos y que con incalculable amor fue depositado en cada uno de nosotros desde el principio del tiempo, desde el inicio de la creación, por la voluntad y el amor del Ser Supremo.

Te invito ahora a utilizar el pasaporte para penetrar en el fascinante mundo del misticismo y la metafísica y hacer evidente lo que parece oculto, palpando con el alma lo que no puede ser percibido con los ojos del rostro ni con instrumento alguno de medición material.

Para ello, retomaremos el camino que nos marca Gregg Braden en su libro *El código de Dios*[2] donde señala que la Torá, además de ser un documento histórico, encierra la clave sobre los secretos de la creación. Para descubrir el mensaje original es importante tomar en consideración los diferentes estratos o niveles que se encuentran detrás de los símbolos o letras, no solo del alfabeto hebreo, sino de cualquier idioma, ya que éstos *forman un puente entre el pasado y el presente.*

El autor señala que si bien muchos idiomas tienen valores numéricos ocultos en cada letra de sus alfabetos, es el hebreo antiguo el que mantiene una fuerza descomunal en cada una de sus letras y un vínculo muy especifico con dichos valores, pues cada una de ellas tiene una correlación específica con un valor numérico, además de un símbolo, un nombre y un sonido.

[2] *Ibid.*

VALORES NUMÉRICOS DEL ALFABETO HEBREO							
SÍMBOLO	NOMBRE	SONIDO	VALOR	SÍMBOLO	NOMBRE	SONIDO	VALOR
a	Alef	[silenciosa]	1	l	Lamed	L	30
b	Bet/Vet	B/V	2	m	Mem	M	40
g	Gimel	G	3	n	Num	N	50
d	Dalet	D	4	s	Samekh	S	60
h	Hey	H	5	ü	Ayin	[gutural]	70
v	Vav	V	6	p	Peh	P/F	80
z	Zayin	Z	7	x	Tzadi	Tz	90
j	Chet	Ch	8	q	Kuf	K	100
f	Tet	T	9	r	Resh	R	200
y	Yod	Y	10	c	Shin	Sh/S	300
k	Kaf	K/Kh	20	t	Tav	T	400

Fuente: Gregg Braden, *El código de Dios*, México, Tomo, 2005.

Al relacionar los valores numéricos se hace evidente un mensaje oculto en cada letra, en cada palabra y en cada frase. El estudio de estas relaciones se conoce como *gematria*, la cual revela tanto las relaciones ocultas y los niveles de significado más profundos mediante la suma de los números hasta simplificarlos en un solo dígito. Para ilustrar lo anterior, el autor nos ilustra con el ejemplo del significado oculto entre el alma y el cielo.

- La palabra hebrea para alma es *NeShaMaH*.
- Se escribe sin las vocales: N Sh M H.
- El valor numérico de cada letra es: N (50), Sh (300), M (40) H (5).

Al sumar estos valores obtenemos el siguiente resultado:

50 + 300 + 40 + 5 = 395

Por lo tanto, la palabra alma, según la gematria, tiene un valor numérico de 395.

Enseguida el autor nos pide correlacionar la palabra alma con la palabra cielo, la cual se escribe de la siguiente manera: H, Sh, M, Y, M. De igual forma, nos otorga el valor numérico de cada una de las letras para realizar la suma de los dígitos: H (5), Sh (300), M (40), Y (10), M (40). Estos números, al sumarse, nos dan el siguiente resultado: 5 + 300 + 40 + 10 + 40 = 395.

Sorprendentemente, nos señala el autor, el valor numérico de las palabras alma y cielo son idénticos, por tanto, podemos entender que en su significado oculto, estas palabras también significan lo mismo y por consecuencia lógica, que el alma pertenece al cielo, o bien, "que nuestras almas y el cielo son uno".[3]

Para correlacionar el valor numérico o significado antiguo de las letras del alfabeto hebreo con la química moderna, el autor nos sugiere sumar el valor de la masa atómica de los elementos químicos que refieren a los elementos alquímicos de la creación, que todas las tradiciones antiguas nos dicen que son: fuego, aire, agua.

ALQUIMIA	QUÍMICA	MASA SIMPLE
Fuego	Hidrógeno	1
Aire	Nitrógeno	5
Agua	Oxígeno	6

Fuente: Gregg Braden, *El código de Dios*, México, Tomo, 2005.

El valor de la *masa* nos da otra forma de pensar en los antiguos elementos. Este valor es el común denominador que une los conceptos antiguos con los elementos modernos.

Ahora bien, el *Sepher yetzirah*, el libro más antiguo de la Cábala, afirma que "a partir de la forma de las letras, Dios describió todo lo que se formó y todo lo que se formaría".[4]

Efectivamente, para muchos eruditos el *Sepher yetzirah* es el más místico y controvertido, donde se encuentran una serie de metáforas que describen paso a paso los procesos de la creación de manera subjetiva o abstracta.

[3] *Idem.*

[4] *Idem.*

Llama la atención que las escrituras antiguas coinciden con las evidencias modernas de la física cuántica, pues señala que existe una inteligencia eterna, en la que subyace nuestra propia existencia: una energía o fuerza vital, la sutil energía o campo supracuántico, como hoy lo podemos entender, que alienta a toda la vida.

Para Athanasius Nicholae la concepción Cabalista (oculta), filosófica y metafísica sobre Dios, la naturaleza y el hombre proviene del libro *Sepher yetzirah*.[5] En él se describe el acto creador de Dios desde los primeros elementos del universo, representados como las letras hebreas del antiguo nombre de Dios, hasta la manera en el que el resto de las letras del alfabeto hebreo dieron forma a todo lo que alguna vez se formó.

"Este relato es simbólico y muestra a Dios creando al mundo por medio del lenguaje, como si estuviera escribiendo un libro".[6] Lo sorprendente de esta narración es su similitud y paralelismo a los descubrimientos científicos que han conmocionado la visión del universo, en particular mediante la física cuántica.

En la narración del *Sepher yetzirah* puede observarse la forma en que Dios utilizó las letras de su nombre *yo soy*, para crear el universo entero, el mundo que nos regaló como hogar y nuestros cuerpos que en realidad son el templo viviente del Dios eterno. Siguiendo esta narración podremos comprender el estrecho vínculo de nuestro código genético y la fuerza creadora del nombre de Dios, que es la esencia misma del Creador en nosotros.

"El conocimiento de Dios será una consecuencia directa de haber aprendido a conocerse a si mismo, pues conocerse a sí mismo es penetrar de lleno en la mayor y mejor manera de percibir a Dios o a la Divinidad".[7]

Vale la pena señalar lo que este autor nos dice respecto a lo que el estudio de las ciencias antiguas o místicas como la Kabbaláh permiten: "La posibilidad de romper el terrible cerco que

[5] Athanasius Nicholae, *La Kabbalah*, México, Editores Mexicanos Unidos, 2002.

[6] Gregg Braden, *op. cit.*

[7] Athanasius Nicholae, *op. cit.*

ahoga al hombre de nuestros días, para recordarle que es un hijo de Dios, un hijo de la luz y que nunca es tarde para reencontrar las raíces verdaderas".

De tal manera que adentrarnos a los secretos que encierra el *Sepher yetzirah*, que es el libro más antiguo de la Cábala, nos permite tener acceso a la ancestral sabiduría que nos regala respuestas y caminos a seguir, puesto que: "Kabbalah viene de la raíz hebrea *le kabel*, que significa 'recibir la luz para interpretar partes del texto sagrado del Antiguo Testamento'. También es la filosofía oculta del judaísmo".[8]

Ahora bien, Braden señala haciendo referencia precisamente al *Sepher yetzirah* cuando dice que después de las 22 letras de la creación de las cuales se formó todo lo demás, que

> Se seleccionaron tres letras y se le dio un lugar y respeto que no se compara con ninguna otra letra del alfabeto. Además de ser la *materia* con la que está hecho nuestro mundo, estas letras se convertirían en el fundamento del nombre de Dios: el mismo nombre con el que se conocería a Dios en la Tierra: 'Eligió tres letras de entre las elementales en el misterio de las tres letras madres: alef, mem, shin,y las puso en su gran nombre'. (*Sepher yetzirah*, capítulo 1, verso 13)[9]

Estas letras, alef, mem y shin, según la tradición cabalística hacen referencia a las tres letras madres que prevalecen en el caos y de las cuales se deriva toda la creación. El gran secreto místico y metafísico del *Sepher yetzirah* se refiere precisamente a que las letras del nombre de Dios (yod, hey y vav) y las letras madres del caos (alef, mem y shin) son iguales, y ambas hacen alusión a la misma fuerza creadora que se manifiesta en tiempos o ámbitos diferentes: el orden y el caos respectivamente.

Ahora bien, para lograr tender un puente entre el pasado y el presente, o entre el caos y el orden, se vuelve necesario entender

[8] Beatriz Borovich, *Kabalah, un camino hacia la luz*, Buenos Aires, Lumen, 2006.

[9] Gregg Braden, *op. cit.*

los secretos de la antigua alquimia, en cuyas claves se ocultan los misterios y las claves del origen de la creación, en cuya tradición se contempla que tanto la creación del universo, de nuestro mundo y de nuestros cuerpos, está forjado a partir de los elementos: fuego, aire y agua. Atendiendo a la estructura química de cada uno de los elementos mencionados, tenemos lo siguiente: el fuego está conformado primordialmente por hidrógeno, el aire por nitrógeno y el agua por oxígeno.

La ciencia moderna, por su parte, corrobora estos preceptos al afirmar que dichos elementos representan a tres de los más abundantes de nuestro cuerpo: hidrógeno, nitrógeno y oxígeno. De hecho, éstos constituyen más de 99% de nuestro cuerpo.

Con todos estos elementos recabados podemos adentrarnos en el camino que nos lleva al fantástico descubrimiento del nombre de Dios grabado en cada partícula de nuestro ser.

Primer paso

Como primer paso para descubrir el secreto que permanece oculto en cada partícula de nuestro ser, Braden correlacionan los elementos de la antigua alquimia con los elementos de la química moderna:

Aire	Nitrógeno
Agua	Oxígeno
Fuego	Hidrógeno

Después se correlaciona la ciencia moderna con los secretos de la Cábala: "Reconoce lo que está ante tus ojos, y lo que está oculto para ti se volverá obvio".[10]

Para adentrarnos a los misterios que la Cábala revela, Braden nos recuerda que la comunicación escrita se realiza mediante la combinación de símbolos, imágenes o signos que representan palabras o sílabas y el conjunto de símbolos como alfabetos.

[10] Gregg Braden, *op. cit.*

Sabemos que al relacionar las letras del alfabeto hebreo con valores numéricos que en sí son un código oculto que le otorgan un significado mucho más profundo que el de las mismas palabras. De tal manera que al correlacionar el común denominador numérico de las letras del alfabeto hebreo con los elementos de la química moderna, se nos revela el secreto de la creación.

Para esto, Braden nos invita a revisar la tabla periódica de los elementos, en la cual encontramos 17 características que definen a los mismos, pero destaca el hecho de que sólo una de ellas corresponde a los valores numéricos del lenguaje hebreo: la masa atómica.

Siguiendo este método de comparación, encontramos que la *la tierra*, corresponde al cuarto elemento de la vida, que es el carbono. Los relatos más antiguos que se refieren al origen del hombre, narran que fuimos creados del *polvo* o de la *arcilla* de la tierra: "El Señor Dios formó al hombre del polvo de la tierra".[11]

Como dato curioso y complementario vale la pena mencionar lo que Paul Davies menciona en su libro *El quinto milagro*: "La mayor parte del carbono del universo procede de las estrellas y nos invita a recordar que el cuerpo que usted ve y los ojos con los que lo ve, están hechos literalmente de polvo de estrellas".[12]

Segundo paso

Ahora nos corresponde correlacionar la masa simple de los elementos de la antigua alquimia (fuego, aire y agua) con los elementos que integran el mapa genético o ADN. Ahí encontraremos que éste está compuesto precisamente por los elementos hidrógeno, nitrógeno, oxígeno y carbono. Y al reemplazar los números de la masa atómica de cada uno de ellos por las letras del alfabeto hebreo encontramos:

Primero existe una correlación de los antiguos elementos de la creación con los elementos de la química moderna y las letras del

[11] La Torá, Parashat Bereshit 2, 7.

[12] Paul Davies, *El quinto milagro*, Barcelona, Crítica, 2000.

alfabeto hebreo. Con esto podemos entender el misterio del nombre sagrado del Dios Creador, que para muchos eruditos es el más poderoso y sagrado *bajo el cielo*, nombre que no debe ser jamás pronunciado en vano, pues, ahora lo sabes, el *yo soy* es el nombre sagrado de Dios y contiene a toda la fuerza creadora del universo. Las palabras que siguen a su pronunciación, serán cumplidas, ya que ésta es una manera inequívoca de crear o construir, de pedir y obtener, tal como lo mencionamos en el capítulo anterior.

ELEMENTO ANTIGUO	Fuego	Aire	Agua	Tierra
ELEMENTOS MODERNOS DEL ADN	Hidrógeno	Nitrógeno	Oxígeno	Carbono
MISMOS ELEMENTOS COMO LETRAS HEBREAS	Y	H	V	G

Fuente: Gregg Braden, *El código de Dios*, México, Tomo, 2005.

Tercer paso

Enseguida Braden establece otra correlación, y es precisamente la que representa a los elementos del ADN de nuestro cuerpo (hidrógeno, nitrógeno, oxigeno y carbono) con el número de la masa atómica que corresponde a cada uno de los elementos mencionados, el número o código de las letras hebreas y finalmente con las letras hebreas correspondientes.

ELEMENTO ALQUÍMICO	Fuego	Aire	Agua
ELEMENTOS EN EL ADN DE NUESTRO CUERPO	Hidrógeno	Nitrógeno	Oxígeno
COMO MASA ATÓMICA REDUCIDA SEGÚN EL CÓDIGO DE LAS LETRAS HEBREAS	1	5	6
LOS MISMOS ELEMENTOS COMO LETRAS HEBREAS	Y	H	V

Fuente: Gregg Braden, *El código de Dios*, México, Tomo, 2005.

Recordemos que las letra del caos son: A, M y Sh, y las letras del orden son: Y, H y V. Si sumamos los valores 1 + 5 + 6 = 12. Doce es el valor del carbono. Entonces nos queda:

ELEMENTO ANTIGUO	Fuego	Aire	Agua	Tierra
ELEMENTOS MODERNOS DEL ADN	Hidrógeno	Nitrógeno	Oxígeno	Carbono
MISMOS ELEMENTOS COMO LETRAS HEBREAS	Y	H	V	G

Fuente: Gregg Braden, *El código de Dios*, México, Tomo, 2005.

Esta correlación, según Braden, nos permite descubrir un alfabeto que está grabado en cada una de nuestras células y que además muestran una intención en la creación de nuestros cuerpos, nuestro mundo y nuestro universo, pues la posibilidad de que estas cuatro letras ocurrieran al azar es de sólo de 0.0042 por ciento.

De tal manera que lo que parecía oculto hoy queda a la vista para todo aquel que quiera *ver* más allá de los ojos del rostro y entender, mucho más allá de lo que la lógica y la razón puedan explicar:

> El eligió tres letras, las puso en su gran nombre. Un secreto oculto, místico y exaltado del cual emanan el fuego, el aliento y el agua, a partir de los cuales se creó todo. Todo lo que se formó, y todo Lo que se dice, es un nombre.
>
> *Sepher yetzirah*[13]

Este descubrimiento fenomenal nos dice claramente que el nombre de Dios, el nombre más sagrado del que deriva toda la fuerza creadora del universo, se encuentra en cada célula de toda manifestación de la vida.

[13] Gregg Braden, *op. cit.*

Te invito a que continuemos adentrándonos en estos fascinantes misterios y te pido que no dejes de asombrarte jamás:

Cuando se descubre el ADN o mapa genético, los conocedores lo han descrito como un lenguaje. Incluso el expresidente Bill Clinton en una conferencia del año 2000, se refirió al genoma como "el lenguaje con el que Dios había creado la vida"[14], tal como lo refiere el *Sepher yetzirah*.

Es importante mencionar que debido a infinitas posibilidades de la existencia y majestuosidad del Ser Supremo, Dios en la tradición hebrea cabalística, se le designan diferentes nombres acorde a su manifestación: YH, el Eterno, o YHYH, el Creador.

El nombre de YHVH (Yo soy el que soy) se considera el nombre más sagrado en la tradición hebrea, por lo que fue reemplazado con nombres sustitutos para evitar el mal uso y deshonra.

Te preguntarás ¿Cómo es que el nombre de Dios se encuentra grabado en cada partícula de nuestro ser? Pues mira, Braden nos lleva de la mano y describe los bloques con los que se conforma el ADN.

Sorprende el hecho de que toda manifestación de vida esté conformada por combinaciones de cuatro compuestos químicos que en realidad son las estructuras básicas de la vida: adenina, timina, guanina y citosina (A, T, G y C). De tal manera que "Desde los organismos unicelulares más pequeños, hasta las cien mil millones de células que se calcula que hay en el cuerpo humano, el código de cada forma de vida se establece a partir de la disposición de estas cuatro bases".[15]

La combinación de estas estructuras moleculares se conoce como genes. Estos grupos de genes forman los 23 pares de información vital (cromosomas) que nos identifican como especie y como persona.

[14] *Ibid.*

[15] *Idem.*

Cuarto paso

Ahora, relacionando los elementos que conforman el genoma humano con las letras hebreas que forman el nombre sagrado de Dios, tenemos:

BASE DE ADN	ELEMENTO QUÍMICO	LETRA HEBREA
TIMINA (T)	Hidrógeno Nitrógeno Oxígeno Carbono	Yod (Y) Hey (H) Vav (V) Gimel (G)
CITOSINA (C)	Hidrógeno Nitrógeno Oxígeno Carbono	Yod (Y) Hey (H) Vav (V) Gimel (G)
ADENINA (A)	Hidrógeno Nitrógeno Oxígeno Carbono	Yod (Y) Hey (H) Vav (V) Gimel (G)
GUANINA (G)	Hidrógeno Nitrógeno Oxígeno Carbono	Yod (Y) Hey (H) Vav (V) Gimel (G)

Fuente: Gregg Braden, *El código de Dios*, México, Tomo, 2005.

De tal manera que el hidrógeno se transforma en la letra hebrea yod (Y), el nitrógeno en la letra hey (H), el oxígeno en la letra vav (V) y el carbono en la letra gimel (G).

Esta correlación demuestra que el nombre de Dios, YHV, existe en nuestro cuerpo como la estructura química determinante.

Esta base genética puede combinarse en innumerables formas y nos dice que compartimos las tres primeras letras del nombre del

Creador, YHV, que representa 75%. Mientras que la cuarta letra, G que equivale al carbono, representa la forma material y le corresponde sólo 25 por ciento. Una vez más queda comprobado que somos más, mucho más que sólo materia, en tanto que el nombre más sagrado de Dios, la esencia misma de la fuente generadora de toda la creación, se encuentra grabado en cada partícula de nuestro ser. Espero de todo corazón que a estas alturas te encuentres genuinamente sorprendido y conmovido ante la grandeza que se encierra dentro de ti, pero continuemos.

Esta equivalencia entre la estructura química y molecular en la que se demuestra que el nombre de Dios se encuentra grabado en cada partícula de nuestro ser se puede traducir de la siguiente manera: YH es la forma abreviada y aceptada de YHVH, el Eterno, el que no tiene principio ni fin y que corresponde el nombre antiguo de Dios. Por otra parte, VG o GV significa dentro del cuerpo.

Según Braden, la traducción literal de este mensaje inscrito en cada partícula de nuestro cuerpo es: "Dios Eterno dentro del cuerpo". O de manera más personal, podemos interpretar este mensaje como *Yo soy el eterno dentro de ti.*

¿Te das cuenta?, el nombre de Dios está inscrito en cada partícula de tu cuerpo, en tu genoma, en cada célula, en cada órgano. Eres mucho, mucho más que materia, eres eternidad.

Tú y cada uno de los seres humanos, los que somos, los que hemos sido y los que seremos, estamos destinados a superar los limites y las fronteras de la materia; tenemos toda la capacidad y el potencial para transformar la adversidad en oportunidad. Ya es tiempo de despertar del letargo de la inconsciencia y ponernos de pie frente a la vida.

Sorprendentemente, este descubrimiento, que viaja a través del tiempo y que ha sido preservado de manera sigilosa en un código que hoy la ciencia nos permite entender, se correlaciona de manera perfecta con los avances más sensacionales de la física cuántica, la cual nos marca de manera reiterada el impacto creador y transformador de los pensamientos del hombre sobre la realidad material. Ya no puedes dudar ni ignorar tu infinito potencial interior, hoy sabes que el nombre más sagrado de Dios, el que contiene la fuerza creadora del universo se encuentra grabado en cada partícula de tu ser. Atrévete a pensar en grande, a soñar los sueños de Dios, a transformar y trascender este mundo que nos agobia y que parece desmoronársenos en las manos, pero sólo por ignorancia, por inconsciencia. Descubre quien eres y transfórmate en lo que quieres, en lo que puedes, ¡en lo que debes ser!

¡Despierta ya! Recuerda a cada momento que la presencia viva de quien hizo mar y tierra ¡vive en ti!

Ahora es fácil entender que cuando pronuncias el nombre más sagrado de Dios, pones en acción a toda la fuerza creadora del universo que responde al llamado del hijo del hombre, criatura amadísima de Dios. No lo dudes, ése ¡eres tú!

Despójate de la vestimenta de víctima, deja de parecer un indigente, no eres un simple corcho en el turbulento mar de la creación, eres co creador de la vida, eres el templo viviente de la presencia del Creador. Recuerda a cada momento el mensaje que está grabado en cada partícula de tu ser: "Yo soy el Eterno dentro de ti".

Atrévete a despojarte de los grilletes y candados que por ignorancia e inconsciencia te mantienen atado a la fuerza caótica y destructiva de la materia. Que ya no te de miedo el miedo, tú eres mucho más que tiempo y espacio, más, mucho más que un cuerpo finito: tú eres eternidad.

Y además eres poseedor de la fuerza creadora del universo por designio divino, por el infinito amor del Padre. Regresa al amor y manifiesta en el aquí y el ahora toda la grandeza que puedas imaginar, siempre en armonía con el mundo de manera perfecta como perfecto es el Señor, nuestro Dios y siempre para bien, pues lo que de Dios viene siempre es una bendición. En este sentido, decía Platón, Dios no es el creador de todas las cosas, sólo de lo bueno, lo malo es construcción del hombre. Con toda humildad agregaría: del hombre inconsciente, el que desconoce su esencia y su nexo eterno con el Creador del Universo.

Capítulo 23

La oración

El proceso creativo más espectacular

> Es la fortaleza del hombre y la debilidad de Dios.
>
> San Agustín

La oración es más que magia, es un camino certero para acceder a la Dimensión de los Milagros y transformar nuestra realidad tanto interior como exterior. En ella podemos encontrar la mayoría de los principios o leyes universales que amparan los procesos creativos de transformación y trascendencia.

Si bien es cierto que la oración no necesita explicación ni fundamento científico para abrir las puertas del cielo y permitirnos ver el rostro del Creador y así sentirnos abrazados en su amor infinito, transformados en su perdón y misericordia que no conoce fin ni condición, la razón humana y la soberbia intelectual sí requieren explicaciones, así como ya habíamos mencionado lo que Immanuel Kant, uno de los grandes filósofos, dedicado a estudiar de manera especial y profunda, los alcances y grandezas de la razón. Él reconoce que ésta tiene sus límites y que, por tanto, cuando se pretende explicar lo que compete al alma, a Dios, a la vida y la muerte, la razón sólo especula, pues éstos no están en su campo de conocimiento.

Te repito, la oración es un diálogo personal con el Padre, que quien más allá del nombre, dogma o cualquier concepto religioso es un Dios de amor para todos, de bondad infinita, que siempre se encuentra con los brazos extendidos, sin reclamo, sin reproche y sin condición alguna.

La oración no requiere explicaciones ni fundamentos científicos, para hacer lo que tiene que hacer: llegar al corazón de Dios, tal como cada quien pueda entenderlo, y arrancarnos de la miseria y la materialidad humana. El único requisito que la oración tiene para llegar al corazón de Dios, es que también salga del corazón del hombre.

Pero para la razón humana, la que busca explicación y fundamentos, es el análisis que a continuación te presento. Espero de todo corazón que responda a las mil preguntas que por lo general no encuentan respuesta, que también logre sacie las inquietudes que la lógica y la razón presentan, para que con toda humildad e infinita gratitud en el corazón traspases el velo que tan cuidadosamente ha tejido la soberbia humana y que nos separa de lo divino. Para que descubras que más allá de nuestra finitud humana y material, más allá de todas nuestras carencias, enfermedades y limitaciones, se encuentra la infinita grandeza de la presencia divina y el amor de Dios, el cual no se encuentra más distante que un suspiro, que una oración.

Ya Albert Einsten había mencionado que "la ciencia sin religión está coja; la religión sin ciencia está ciega". Ahora, la Psicología Cuántica y del Espíritu tiene el privilegio de cerrar este círculo: ciencia y religión o más bien y para entenderlo mejor: ciencia y espíritu.

Análisis comparativo de la oración con los principios herméticos

La oración y el principio del mentalismo. "El Todo es Mente." El Todo está en todo; todo se encuentra en el Todo. En la mente del Todo nos encontramos todos; en Él nos movemos y tenemos nuestro ser. De ahí, que sin importar el lugar o la condición en la que nos encontremos, nuestra oración siempre es escuchada por la Inteligencia

Cósmica, en la Mente Divina, nada se pierde y, lo más importante, donde tú te encuentras se encuentra Dios.

La oración y el principio de correspondencia. "Como es arriba es abajo; como es abajo es arriba." Con este principio podemos entender que si tu mente y tu corazón se encuentran abiertos al Señor con sinceridad, la mente y el corazón del Padre se encuentran también abiertos para ti. "Te daré la llave del Reino de los Cielos y lo que ates en la tierra quedará atado en los cielos, y lo que desates en la tierra, será desatado en el cielo."[1]

La oración y el principio de vibración. La oración nos permite alcanzar las frecuencias vibratorias más encumbradas. Es por ello que, sin importar el fondo emocional en el que nos encontremos sumergidos o lo denso de la frecuencia vibratoria en la que se encuentren sumergidos nuestros pensamientos y sentimientos, la oración tiene la cualidad de alcanzar ambas dimensiones y actúa como la mano extendida del Creador, que se inclina hasta el pozo del dolor en el que por inconsciencia nos encontramos sumergidos y nos regala alas para elevarnos hasta su corazón. "Lo que pidieres en oración con fe, da gracias porque ya ha sido concedido."[2]

La oración y el principio de polaridad. Tal vez con este principio, más que con ningún otro, podemos entender con mayor claridad como los extremos se tocan y en un instante parecen ser lo mismo. Y así, mediante la oración, cuando con profunda humildad se invoca la acción divina, la intervención de Dios, entendemos cómo es posible dejar adicciones, clausurar el infierno repetido y despedir a la noche que aprisiona el alma, y sentir al instante; paz, consuelo y libertad. Recuerda que l*a distancia entre el hombre y el cielo, es la misma que la de la rodilla al suelo.*

Es decir que, mediante la oración sincera, la que sale del corazón, es posible alejarnos de la densidad caótica y destructiva de la materia, clausurar el infierno que genera la actividad corpuscular y egoísta de la mente para surcar los cielos y penetrar a la Dimensión de los Milagros y con ello alcanzar el polo espiritual, donde

[1] *Mateo* 16, 19.

[2] *Mateo* 21, 22.

es posible experimentar una paz infinita, aquélla que escapa a la razón y colma al alma de dicha infinita y al cuerpo de salud y vitalidad, a la vida misma de bienestar y bendiciones sin fin. Con la oración es posible clausurar la oscuridad para convertirla en claridad y luz; la enfermedad en salud, la carencia en abundancia, la ignorancia en sabiduría, el odio en amor y la esclavitud en libertad.

De ahí, que la oración constituya uno de los procesos creativos más impresionantes, pues no sólo nos permite alejarnos de las frecuencias vibratorias más densas, las que genera la materia, sino también transformar la realidad e incluso superar adicciones y dependencias. Tal es el caso del alcohólico o el adicto cuando inician un proceso de recuperación mediante la derrota emocional y la invocación a un ser supremo, tal como cada quien pueda entenderlo, y así comenzar un despertar espiritual que elimina la obsesión por la bebida y las drogas y los mantiene alejados de ellas. Además les permite enfrentar conscientemente el ayer para transformarlo, así como a los errores propios para aprender de ellos.

La oración y el principio del ritmo. Recuerda que este principio postula que todo lo que asciende, desciende; la medida del movimiento a la derecha es la misma que el movimiento hacia la izquierda. De tal manera es posible entender la frase que algún día Cristo Jesús, nuestro hermano mayor, nos enseñó: "Conforme a tu fe, te será dado".

Así sucede con la oración. Si tu fe y tu devoción son pocas, la respuesta será raquítica, la medida la pones tú, no Dios. Así que deja de pelearte con Él. Mejor cuestiona, analiza lo profundo de tu fe y la devoción que guardas para tus oraciones, porque la misma ley o principio del ritmo lo ratifica: "Todo lo que asciende tiene que descender".

Y no es lo mismo el descenso o caída que sigue a la soberbia desbocada, a los sueños de poder y fantasía que generamos en nuestra brutal inconsciencia, que el descenso que sigue a una oración, que como paloma en libertad ha extendido sus alas para tocar el corazón de Dios y regresa colmada de bendiciones y milagros para el emisor. Así, lo que mediante la oración escala hasta tan encumbrado lugar y logra tocar el corazón de Dios regresa como una ola colmada de bendiciones y de paz sin parangón. "Para los hombres es imposible, mas para Dios todo es posible."[3]

La oración y el principio de causa y efecto. Este principio nos marca que no existe la suerte ni el azar, que todo tiene una causa y toda causa tiene su efecto. De tal manera que la oración auspiciada por este principio nos impulsa a hacer del Ser Supremo nuestra primera causa, tal como debiera ser, pues toda creación debe regresar a su origen. Recuerda que esto es lo que realizan las partículas más diminutas de la materia antes de dar un salto cuántico y transformar la realidad.

En esencia todos provenimos de la luz y a la luz debemos regresar. Pero en el caso de los seres humanos este retorno a nuestro origen debe ser de manera consciente y libre. La oración reúne esas cualidades, pues es un diálogo individual, libre y consciente entre el Creador y su creación.

De ahí que, si logras hacer de tu causa primera un diálogo consciente y permanente con el Arquitecto del Universo, los efectos en cada área de tu vida, aquí y ahora, podrán rebasar cualquier especulación y superar a la más vívida imaginación.

Si la calidad de tus pensamientos determina en gran medida la calidad de tu realidad material, no permitas que sean las causas externas ni los recuerdos dolorosos y traumáticos del ayer los que se conviertan en las causas de tu realidad material. Conviértete tú en la causa y con profunda humildad, mediante la oración entabla un diálogo permanente con el Creador y permite que Él se convierta en la causa primera de toda tu existencia. Permite que la oración sea para ti el proceso creativo más espectacular y transformador en tu vida. "Pidan, y se les dará; busquen, y hallarán; llamen, y se les abrirá. Porque todo el que pide, recibe; y el que busca, halla; y al que llama, se le abrirá."[4]

La oración, en el plano físico, es el instrumento invaluable e infalible con el que se realiza el principio de aceleración y de

[3] *Mateo* 19, 27.

[4] *Mateo* 7, 7-8.

aniquilación total, pues elimina la pesada lápida de las cargas materiales para transformarlas en ondas de libertad.

La oración que se realiza con profunda devoción y que sale desde lo más profundo del corazón llega directo al corazón del Ser Supremo y nos regala una sensación de infinita paz y confianza, y con ello el principio de vibración cobra un poder especial, ya que, sin importar el fondo emocional en que nos encontremos, la oración nos permite sentir la mano extendida del Creador y elevarnos hasta las dimensiones más encumbradas, nos permite conocer el rostro de Dios y tocar su corazón. En este aparente acto de sencillez se encuentra toda la magia del universo: el hijo que con humildad reconoce su finitud y limitación humana y material, con la cabeza inclinada en señal de reverencia, tal como lo hacen las partículas más diminutas de la materia antes de penetrar a la Dimensión de los Milagros para teñirse de gloria y lograr dar un salto cuántico y transformar la realidad. Así, el hijo del hombre, criatura amadísima de Dios inclina también la cabeza e invoca al Padre para entregarle pesares, angustias, diagnósticos fatales, enfermedades, carencias, deudas y todo aquello que por ignorancia e inconsciencia hemos generado, abandonándose en la voluntad divina, en la generosidad y misericordia de Dios, accediendo a la Dimensión de los Milagros, donde el alma se tiñe de la gloria del Padre. Ahí el corazón se colma de paz y serenidad y con ello, renace no sólo la esperanza, sino también la certeza absoluta de que con Él y en Él, hasta lo imposible ¡se hace posible! Si Él en mí y yo en Él, ¿quién o qué contra mí?

Si te das cuenta, en el proceso de oración también podemos observar la dinámica de la función onda o de arrastre y expansión, que colapsa la energía material para transformarla en ondas de libertad que llegan al corazón de Dios y retornan colmadas de bendiciones, que pueden ser percibidas como un milagro ante los ojos del hombre. Recuerda lo que san Agustín mencionaba en este sentido: “Los milagros no están contra la naturaleza, sino contra lo que el hombre sabe de la naturaleza”.

De tal manera podemos concluir que la oración es un recurso espiritual que tenemos al alcance y que en su enorme sencillez se oculta la infinita grandeza que ella posee. Así que recuérdalo siempre; orar es dialogar con Dios, establecer un puente entre el cielo y la tierra, ponerle alas a los pensamientos y encumbrarnos hasta el corazón de Dios en donde todas las cosas fluyen para bien.

Capítulo 24

Un tsunami cuántico de transformación y trascendencia

> Hágase tu voluntad y no la mía.
>
> *Marcos* 14, 26

> Más no sea lo que yo quiero, sino lo que quieras tú.
>
> *Mateo* 26, 39

La voluntad humana o material se encuentra alentada por nuestros apegos a las cosas materiales, la mezquindad, el egoísmo, el miedo, los celos, la envidia y demás chuladas de la inconscienciaTambién es el pequeño y mezquino deseo de nuestro yo finito, de nuestro ego, y por tanto es egoísta y persigue sólo el beneficio personal, ignorando los derechos y el bienestar de los demás, del mundo que el Creador nos regaló como hogar y del universo en general.

Es la voluntad la que que nos induce a satisfacer nuestros deseos y satisfacciones personales sin considerar las consecuencias ni el daño que pueda causar, no sólo a los demás, sino a nosotros mismos.

Por tanto, la voluntad humana a la larga o la corta nos conduce al dolor y al sufrimiento, alimenta la soledad y acrecenta el vacío interior que genera angustia, depresión, neurosis y toda clase de dependencias, tanto químicas como emocionales, ya que es producto de la actividad de la parte oscura y material de la dinámica mental, en la cual la energía cósmica mantiene una actividad corpuscular que nos ancla a la fuerza caótica y destructiva de la materia y nos pone de espaldas a la vida y nos aleja de la voluntad de Dios.

Por otro lado, la voluntad de Dios siempre obra para bien: "Dios coordina todas las cosas para el bien de los que le aman".[1] De tal manera, que renunciar a nuestra voluntad humana es dejar de lado nuestros apegos, obsesiones, deseos malsanos, mezquindades y egoísmo para pedirle a Él, nuestro Padre, fuente generadora de toda la vida, que se haga su voluntad divina y perfecta y ya no más, nunca más la mía, que se encuentra alentada por la fuerza caótica y destructiva de la materia y la mezquindad de mi propia pequeñez humana, mi fragilidad material.

Hacer esto con plena conciencia y alentados por amor y nunca más por el miedo, la culpa o el dolor es realizar la función onda más espectacular, la que colapsa una fenomenal cantidad de la energía que por miedo e ignorancia nos mantiene prisioneros de la actividad corpuscular o material de nuestras propias creaciones mentales y nos eleva en una onda de libertad hasta el corazón de Dios.

Hacer la voluntad divina es esperar sólo lo mejor a cada momento, navegar en el infinito océano de todas las posibilidades donde todas las cosas fluyen para bien, no sólo tuyo, sino para los seres que más amas y para cada uno de los hijos amadísimos de Dios. Es caminar confiado aun en lo que parece una noche oscura, pues el alma sabe bien que Dios mismo es su guía, protección y provisión.

Es regocijarte por el bien que sabes que no te es ajeno, pues todo lo que afecta a un solo ser humano, para bien o para mal, también te afecta a ti.

También es descubrir que la humanidad entera somos uno solo en el corazón de Dios; entender que precisamente universo significa "la unión de lo diverso", y que aun cuando somos diferentes y mantenemos una individualidad somos el mismo para el Creador.

[1] *Epístola a los Romanos* 8, 28.

Renunciar a la voluntad humana para hacer la voluntad divina es caminar ligero y sin preocupaciones o angustias por lo que ha de venir, pues sabes bien que Dios tiene un plan divino y perfecto para cada uno de sus hijos. Cuando la materia dice *no*, el espíritu siempre dice *¡sí!*

Dar este salto cuántico hacia la genuina libertad y renunciar a la voluntad humana resulta sumamente difícil en muchas ocasiones. Por ello te sugiero que *no luches contra el mal*, Es decir, no trates de negar lo que pasa por tu mente, lo que está anidado en tu corazón. Acéptalo y enseguida externa una invocación al Padre para pedirle que te despoje de esos sentimientos, y en un diálogo secreto y silencioso con Él, dile algo similar a lo que te sugiero (tal como el corazón te lo dicte) o repite la siguiente oración, sólo que hazlo con todo el corazón y profunda devoción:

> Padre, aquí estoy frente a ti. Me da pena todo esto que me esclaviza y angustia, pero no lo voy a negar frente a ti, pues tú bien sabes lo que hay en mi corazón porque vives en él. Yo renuncio de todo corazón a todo esto (adicciones, obsesiones, apegos, deseos malsanos, diagnósticos fatales, enfermedades, carencias, etcétera) y con infinito amor lo pongo en tus manos para que se haga tu voluntad y nunca, nunca más la mía, porque, al ser humano, me encuentra plagado de mezquindad, autoengaño, miedo y egoísmo. Que a partir de este momento se haga en mi vida tu voluntad divina y perfecta y de antemano te doy infinitas gracias porque bien sé que todo lo que viene de ti para mí, para los seres que amo, para mi mundo y mis circunstancias, siempre es para bien aun cuando en ocasiones yo no pueda entenderlo.
>
> Gracias, Padre, porque sé que siempre me escuchas y que siempre, siempre respondes.

Después de realizar esta oración y mantener ese diálogo con el Creador, observa tus sentimientos y el estado de infinita paz que te embarga.

Ahora eres libre y sabes que has logrado escalar hasta el corazón de Dios, que todas las cosas fluyen para bien. Si aparece frente a ti lo que pudiera parecer una adversidad o contrariedad, no te asustes, no reniegues, sólo repite con todo el corazón, con profunda devoción: "Padre, permíteme ver el bien de esta situación. Sé que tú estás a cargo y todo, todo está bien"

Te aseguro que anteponer la voluntad divina a la voluntad humana genera un colapso de energía de impactante majestuosidad que propicia una onda gigantesca, como un tsunami, en su función de arrastre. Es decir que elimina los pesados lastres que nos atan a la fuerza caótica y destructiva que caracterizan a la materia y nos permite elevarnos hasta el infinito, hasta el centro del corazón de Dios.

Renunciar a la voluntad humana, que está alentada por el egoísmo y la mezquindad, para realizar la voluntad divina, que con infinito amor contempla el bien, la belleza, la sabiduría y la armonía de toda su creación, es descubrir que tienes alas y que es posible volar.

Aplicaciones prácticas

Antes de iniciar cualquier proceso creativo es importante realizar un proceso de perdón para elevarnos del nivel de frecuencia vibratoria en el que se ha generado el dolor, la carencia, la enfermedad, el conflicto y el sufrimiento.

Desde mi punto de vista, uno de los más grandes y graves errores de quienes trabajan con creaciones mentales sin consideración a la fuerza espiritual es aplicar procesos creativos sin realizar antes un proceso de perdón. Como ya te mencioné, esto genera, a la larga o a la corta, mayor sufrimiento y el desplazamiento de la energía material que se convierte en verdaderas bombas atómicas que se vuelcan contra nosotros, e incluso contra los que más dices amar. Esto te convierte en un *triunfador* pasajero, pues los logros de la materia son banales y pasajeros y generan verdaderas tragedias en otras áreas de nuestra existencia y en la de los seres que más amamos, pues sólo lo divino es eterno.

Así que ya lo sabes, antes de iniciar cualquier tipo de proceso creativo, utiliza la magia y el milagro del perdón.

A continuación, con todo mi amor, te entrego uno de los ejercicios de perdón que contiene un altísimo grado de eficacia y cumple con el cometido de alejarte de la fuente generadora de dolor y sufrimiento, y que como un helicóptero espiritual te eleva hasta el corazón de Dios, donde la energía espiritual fluye a raudales.

Ejercicio de perdón

1. En silencio respira profundo inflando el estómago (hazlo tres veces).
2. En silencio expira suave y lentamente por los labios desinflando el estómago (hazlo tres veces).
3. En silencio y con profunda humildad e infinita gratitud invoca la ley del perdón y la misericordia divina.
4. Imagina que una luz violeta te envuelve como una cápsula protectora.
5. Con profunda devoción repite en silencio: "Señor, que tu perdón y misericordia infinita elimine todo aquello que me aleja de ti. Todo aquello que consciente o inconscientemente haya generado dolor o sufrimiento a alguien, así como yo perdono todo aquello que consciente o inconscientemente me haya generado dolor o sufrimiento".
6. En silencio da gracias y disfruta un momento la infinita sensación de paz y dicha interior que el perdón genuino te regala.

Enseguida pide por que tu proceso creativo sea en armonía con el mundo, para que todo lo que de ti emane sea una bendición para todos y retorne a ti y a los tuyos como un manantial infinito de bendiciones (ley del círculo).

Pide también que aquello que desees sea bendecido y multiplicado para cada uno de sus hijos, en especial para los que más lo necesitan (ley de oro).

Ahora sí, prepárate para realizar tu proceso creativo aplicando la fuerza espiritual que, ahora bien lo sabes, es la que en el plano físico se conoce como aniquilación total y es la única que por su naturaleza no desplaza la materia ni genera bombas atómicas que después se vuelcan contra ti. Mientras, tomemos la energía que emana del corazón de Dios con plena conciencia y humildad, para regresarla a través de la confianza, el amor y la gratitud, la energía cósmica fluirá a raudales desde el corazón de Dios hasta nuestro hogar, el plano material, para concretar los sueños del Creador que reposan en tu propio corazón.

Para ello utilizaremos una de las grandes promesas bíblicas y, con el camino recorrido en este libro y el conocimiento que ahora es tuyo, descubriremos y haremos realidad lo que por ignorancia, culpa e inconsciencia parecía lejano e incluso imposible: "Todo lo que pidan en oración, creyendo, lo recibirán".[1]

Tus deseos son semillas o sueños de Dios que reposan en tu corazón para verlos florecer en el aquí y el ahora. Rescata tus deseos más nobles y encumbrados; ten claro lo que deseas lograr. Imagina que ya es tuyo y cree que ya te pertenece, siéntelo propio pues ya es tuyo en el aquí y ahora. Agradece al Creador por su bondad infinita y por su voluntad divina y perfecta que se manifiesta en ti. No platiques con nadie sobre tu proceso creativo porque se encuentra en la fase espiritual y mental. Al comentarlo, la energía se colapsa y retorna al plano corpuscular o material sin haberse logrado. Al hacerlo sólo te percibirás inquieto y frustrado. Camina sereno y confiado con la certeza absoluta de que aquello que deseas y que es para bien, o algo mejor, ya viene en camino, tal como es la voluntad del Padre. Cuando vengan a tu mente pensamientos de duda o incertidumbre, repite en silencio: "Señor, tú estás a cargo, todo esta bien. Yo confío en ti"

Una vez que realices el proceso creativo, sólo da gracias o repite la frase que te acabo de sugerir. Puedes realizarlo para lograr un nuevo deseo, pero no repetirlo con la intención de apresurar su materialización. Esto sería como sembrar una semilla en la tierra y desenterrarla cada día para ver como va su proceso de crecimiento. Como imaginarás, esta acción impediría que la semilla cumpla su cometido.

De igual manera, tú ya has sembrado tu deseo en la tierra fértil de la mente de Dios, ahora sólo te corresponde regarla y abonarla con la fuerza de la fe y la gratitud: "Pide y se te dará".[2] Así de sencillito, pide una vez y confía en que se te dará; estar

[1] *Mateo* 21, 22.

[2] *Lucas* 11, 9.

pide y pide es no tener fe en la promesa divina, es no confiar ni en Dios ni en ti.

Ahora realizaremos procesos creativos especificos con la fuerza vibracional de los colores del espiritu y el poder transformador de los decretos o auto afirmaciones:

Proceso creativo para la Salud

1. Recuerda siempre iniciar con un proceso de perdón para alejarte de la frecuencia vibratoria que genera el miedo, tanto por el diagnóstico como por la enfermedad, y así elevarte hasta el corazón de Dios.
2. Pide la voluntad divina y espera el bien.
3. Toma una postura cómoda, de preferencia sentado sin cruzar manos ni piernas y con los ojos cerrados. Permite que los pensamientos fluyan con libertad y suavidad. No luches contra ellos ni pretendas poner en blanco a la mente. Conforme te concentres en la realización de cada uno de los pasos sugeridos, notarás cómo los pensamientos inadecuados se desvanecen.
4. Respira profundamente inflando el estómago como un globo, y enseguida exhala con suavidad y lentitud por los labios desinflando el estómago (hazlo tres veces).
5. Construye con la imaginación: piensa un bosque donde hay una gran multitud de árboles y pinos teñidos en diferentes tonalidades de verde. Hay un prado verde, muy verde, cubierto con una fina capa de rocío. Ahí estás tú (o la persona a quien tú pretendes beneficiar con la visualización de salud) pisando descalzo el pasto y sintiendo claramente en la planta de los pies lo fresco del rocío.
6. Imagina que corres (tú o la persona a quien deseas ver saludable) por el prado, que juegas carreras con el viento, que percibes y disfrutas el aroma de las flores.

7. Imagina una luz verde que como un manantial infinito cubre y recorre todo el cuerpo, tanto por dentro como por fuera.
8. Siente la energía que revitaliza y sana el cuerpo.
9. Repite siete veces en silencio: "La salud divina renueva mis (sus) células, recorre y renueva mi (su) cuerpo, la salud perfecta se manifiesta en mí (en él o ella).
10. Agradece infinitamente a la presencia divina la manifestación de salud y vitalidad en ti o en la persona por la que pides.
11. Una vez que se ha entablado un silencioso diálogo de la mente, el corazón y el espíritu del hombre con el espíritu de Dios, camina confiado y sereno, pues es promesa divina que al que pide se le dará. Espera sólo lo mejor acorde a la voluntad divina y repite en silencio cuantas veces sea necesario: "Señor, yo confío en ti".

Proceso creativo para la riqueza, la prosperidad y la abundancia

1. Repite los primeros cuatro pasos del proceso creativo para la salud.
2. Imagina que te encuentras parado en una serena playa al amanecer (el personaje central de esta visualización, también puede ser alguna persona a la que tú desees beneficiar, recuerda pedir para otro lo que tú quieras para ti). Puedes sentir la arena tibia en la planta de los pies. Te maravilla la majestuosidad del océano y el eterno ir y venir de las olas. Te estremece profundamente la aparición del sol en el horizonte, cuyos rayos de color naranja y amarillo dorado van impregnando de luz y calor el paisaje. Te inclinas para sentir en tus manos las olas que rompen suavemente, como una caricia del Creador. Comienzas a penetrar con suavidad y poco a poco en las aguas tibias que con la luz del sol toman un color verde mar y que cubren todo tu cuerpo. Los rayos

del sol te bañan amorosa y generosamente y experimentas la infinita abundancia del universo en las olas que rompen en tu cuerpo. La prosperidad y la provisión divina en los rayos del sol te acarician y envuelven.

3. Siente que la riqueza, la prosperidad y la abundancia fluyen hacia ti por todos los caminos.
4. Repite siete veces en silencio: "La riqueza, la prosperidad y la abundancia del universo me pertenecen. La riqueza, la prosperidad y la abundancia del cielo son la añadidura bendita con la que Dios colma mi vida, mi trabajo, mi esfuerzo y mi mundo".
5. Agradece con todo el corazón por el milagro de saberte criatura amadísima de Dios y las puertas del cielo que el Creador abre para ti y para los tuyos.
6. Cada vez que experimentes duda o incertidumbre repite en silencio: "Señor, tú estás a cargo, todo está bien y yo confío en ti".

Estos ejercicios de visualización los puedes realizar de una a tres veces al día durante siete días consecutivos. Después de ese lapso descansa y sólo da gracias por haber sido escuchado y por haber sido depositario de la voluntad del Padre que, como bien sabes, siempre es perfecta y armoniosa y por mucho supera lo que siquiera hubieras podido imaginar.

Ejercicios del aquí y el ahora

Los ejercicios del *aquí y el ahora* permiten concentrar la atención en el tiempo presente en donde es posible coincidir con el Eterno y sentir con intensidad y plenitud su presencia y su amor infinito que te envuelven y elevan. Realízalos siempre que puedas, no hay límite para esta práctica que te enriquece enormemente y propicia un ilimitado crecimiento interior y una expansión de la conciencia hasta límites insospechados.

Este tipo de proceso creativo no requiere preparación especial y es posible realizarlo en cualquier momento y en cualquier lugar. No obstante, si te es posible realizar los primeros cuatro pasos sugeridos para los procesos creativos de la salud y la abundancia, sin duda esta práctica se verá enriquecida por ellos.

En este caso es conveniente realizar el siguiente proceso:

1. Realizar un proceso de perdón pidiendo que la ley del perdón y la misericordia divina y la luz violeta de transmutación te envuelvan y protejan mientras se disuelven todos los errores pasados y presentes, así como sus causas y consecuencias.
2. Toma una postura cómoda sin cruzar manos ni piernas y con los ojos cerrados.
3. Pide la voluntad divina su guía y protección en todo momento y en todo lugar.
4. Respira y exhala inflando y desinflando el estómago un mínimo de tres veces y un máximo de siete veces.
5. Estira el dedo índice de la mano izquierda y llévalo hasta el centro de la frente.
6. Enseguida elige una de las frases que a continuación se sugieren y repítela en silencio un mínimo de tres veces y un máximo de siete veces.
7. Al terminar cada frase retira el dedo índice del centro de la frente y dirígelo de nuevo al mismo lugar antes cada repetición.
8. Al terminar la repetición de frases, descansa el dedo y la mano colocando las palmas hacía arriba.
9. Realiza una nueva serie de respiraciones.
10. Descansa y observa detenidamente lo que experimenta tu cuerpo, tu mente y tu espíritu.
11. Agradece, con profunda devoción y gratitud infinita, ese momento de comunión, de paz y dicha sin parangón.

Ahora bien, si no encuentras tiempo o espacio para realizar el ejercicio sugerido, siempre que puedas repite alguna de las frases que a continuación te propongo, sólo lleva la punta del dedo índice hacia el centro de la frente y con conciencia, esto es, dándote cuenta de lo que dices, no hacerlo mecánica ni obsesivamente, y con profunda devoción y gratitud.

Frases sugeridas para los procesos creativos del aquí y el ahora

Ahora te ofrezco una serie de frases que además del *aquí y el ahora*, incluyen alabanzas y gratitud al Creador, y cuya función es expandir la conciencia y abrir las puertas del cielo. Recuerda que la gratitud es un pasaporte automático a la Dimensión de los Milagros y utilizarlas en una postura cómoda, de preferencia sentado y con los ojos cerrados. O bien, puedes recitarlas en cualquier momento y lugar, basta llevar el dedo índice al centro de la frente y, si te es posible, con los ojos cerrados durante los instantes que la realizas. Si manejas, por favor, ¡no cierres los ojos!:

- Aquí y ahora siento la presencia del Creador en mí.
- Aquí y ahora el amor divino me envuelve y me eleva.
- Aquí y ahora la paz y la armonía de Dios están en mí.
- Aquí y ahora la sabiduría divina es mi guía y orientación.
- Aquí y ahora la verdad y la justicia se hacen manifiestas.
- Aquí y ahora la salud y la vitalidad de la presencia de Dios se manifiestan en mí.
- Aquí y ahora la riqueza y la abundancia de Dios me pertenecen.
- Aquí y ahora la protección y la voluntad divinas me envuelven y me elevan hasta su corazón.
- Aquí y ahora el perdón y la misericordia divinas me liberan.
- Aquí y ahora, alabanzas y gratitud eterna al Padre por este momento de comunión y bendición.
- Aquí y ahora, alabanzas y gratitud infinita al Dios Eterno dentro de mí por su manifestación divina y perfecta en mi mente, en mi cuerpo y en mi mundo.

- Aquí y ahora, alabanzas y gratitud eterna al amor divino por este instante en la perfección.
- Aquí y ahora, alabanzas y gratitud infinita al Creador del Universo por mi vida que es una expresión pura de su pensamiento.

Estas frases se pueden repetir no sólo para beneficio personal, sino también para el bienestar de a terceros. Para ilustrar esta modalidad te propongo el siguiente ejemplo:

> Aquí y ahora la paz de Dios está en mi y me colma de bendiciones" o "Aquí y ahora la paz de Dios está en [menciona el nombre de la persona o personas a las que se pretenda beneficiar] y le[s] colma de bendiciones. Aquí y ahora la paz de Dios está en mí y en [...] y nos colma de bendiciones.

Si a estas afirmaciones le agregas la visualización de los colores del arcoíris espiritual, éstas cobrarán mucha mayor potencia y efectividad. Te recuerdo el significado de cada uno de ellos:

- Rosa: amor universal, amor divino.
- Naranja: paz, serenidad, provisión divina, prosperidad.
- Amarillo-dorado: sabiduría, guía y orientación divina.
- Verde: salud, vitalidad, abundancia, verdad y justicia.
- Azul: protección divina, poder y voluntad de Dios.
- Violeta: perdón, misericordia divina y transmutación.
- Blanco: despertar espiritual, expansión de conciencia.

Cubre tu imaginación con los colores del espíritu y tu vida se teñirá de luz. Dejemos atrás la oscura noche del alma y preparémonos al despertar de un nuevo y maravilloso amanecer.

El uso práctico y consciente del Yo Soy

Enseguida te ofrezco una serie de frases a las que se les antepone el nombre más sagrado de Dios, ese que ahora sabes se encuentra grabado en tu genoma, en cada partícula y en la esencia de todo ser vivo.

Repítelas en silencio con profunda humildad, devoción y gratitud infinita. Recuerda que el sagrado nombre del Eterno se encuentra escrito en tu interior y equivale a la fuerza creadora del universo y éste mismo responde al llamado del nombre sagrado de Dios.

De igual manera que los procesos creativos antes narrados, estas frases pueden usarse en una postura cómoda siguiendo los pasos necesarios para lograr un estado de concentración más profunda o repetirse en silencio en cualquier momento y lugar, si lo haces con los ojos cerrados se facilita la concentración. El único requisito para utilizar estas frases es, cómo ya te lo señalé, que lo realices conscientemente y con profunda devoción y respeto.

Frases del Yo Soy

Empieza diciendo: "El nombre del eterno dentro de ti", y después agrega alguna de las siguientes frases:

- Aquí y ahora Yo Soy la manifestación divina y perfecta de la presencia de Dios en mí.
- Aquí y ahora Yo Soy salud y vitalidad que se manifiesta de manera divina y perfecta en mí.
- Aquí y ahora Yo Soy la riqueza, la prosperidad y la abundancia que fluye de manera perfecta y armoniosa para mí, para los míos y para cada uno de los amadísimos hijos de Dios.
- Aquí y ahora Yo Soy la armonía, la paz y la serenidad en mí, en mi mundo y en mis circunstancias.

Cuando utilices estas frases, experimenta profundamente la gratitud por saberte la amadísima criatura de Dios y cocreador del universo, por haber logrado expandir la conciencia hasta el infinito y sentirte abrazado por el amor del Ser Supremo. Por descubrir y experimentar la libertad genuina, la que siempre va apareada de la responsabilidad y del amor a la vida, hacia ti mismo y hacia los demás.Experimenta también la gratitud por el camino recorrido; por todo lo en apariencia malo que te permitió conocer la magia y el milagro del perdón, y con él la compasión y la tolerancia hacia los demás. Por haber tenido la oportunidad de sentir el dolor ajeno como propio y descubrir que todos somos uno mismo en el corazón de Dios, y con ello entender que pedir para otros es pedir para ti y que lo que realizas en beneficio o perjuicio de los demás regresa multiplicado, no sólo a ti, sino a aquellos que más amas.

Da gracias también por todo lo bueno que ha acontecido en tu vida, y que ahora sabes que es lo más. Por el privilegio de descubrir tu descomunal grandeza interior y tu infinito poder personal. Por la fuerza creadora de tus pensamientos y sentimientos y la magia de una oración. Por el nombre sagrado del Eterno que se encuentra en cada partícula de tu ser y la respuesta del universo cuando invocas el sagrado nombre y agradeces su manifestación.

Agradece también porque ahora ya sabes que es posible renunciar al camino del sufrimiento, el miedo, la culpa y la autoflagelación, pues basta un poco de humildad y el deseo genuino de establecer un diálogo permanente con el Creador de toda la vida, por medio de una oración y encontrar el camino de regreso a casa, al corazón de Dios.

Utiliza tu infinito poder personal para dar gloria al Padre, siempre para bien, pues sólo lo bueno, lo perfecto y lo mejor pertenece al cielo. Descubre que la adversidad puede ser transformada en oportunidad y, sobre todo, que nunca estamos solos, pues quien hizo cielo, mar y tierra camina contigo y ¡vive en ti!

Una historia final

Nuestro Everest de cada día

En esta historia tú eres el personaje central y, como cada mañana, te aprestas para escalar el Everest" de cada día, sólo que ahora llevas el conocimiento del libro que tienes en las manos y que te corresponde aplicar, pues la información sin aplicación se convierte en confusión.

Frente a ti se encuentra una montaña que a simple vista parece de un descomunal tamaño y sinuosidad impactante. Junto a ti suben y bajan personas, algunas conocidas y cercanas a ti, otras totalmente desconocidas. Cada uno parece ajeno, ensimismado e indiferente a lo que acontece a su alrededor; cada uno preocupado y ocupado por llegar primero a la cima, sin importar lo que le acontece al otro o si atropella a los demás. En ese subir y bajar cotidiano, cada persona se asemeja al mítico personaje, Sísifo, quien tenía la pesada misión de subir un enorme bloque de mármol hasta la cima de una empinada montaña y luego bajarlo de nuevo durante toda la eternidad.

Como ya es cotidiano, te preparas para escalar en dirección hacia la cumbre cargado de un enorme y pesado equipaje, el de tus miedos, culpas, vergüenzas, resentimientos, defectos de carácter, egoísmo, celos, envidias y mezquindad. Además de tus creencias erróneas, preocupaciones y angustias.

El miedo, ese que ha sido tu compañero constante durante toda la vida, y la inseguridad te invaden. Tienes miedo a subir, pero también a bajar. Lo sientes al hablar, pero también al callar. En ocasiones quisieras que todo se terminara, que este eterno ir y venir, subir y bajar, terminara para siempre. En otros momentos te embarga el deseo de continuar y *echarle todas las ganas del mundo*, pero de repente te vencen el cansancio, la desolación y la desesperación, y se repite compulsivamente el deseo de que todo se acabe.

Pero en ocasiones te sientes bordado a mano, Aladino con la lámpara, y piensas que eres el mejor, el número uno. Incluso te has preguntado: "¿Qué haría el mundo sin mí?" No obstante, cuando menos lo esperas y por cualquier motivo o aun sin causa aparente, te sientes víctima, pues piensas que los demás no te entienden, no te valoran, que a fulanito si le reconocen sus esfuerzos, que a zutanita si le regalan flores en su aniversario, y a ti no. Para los que se encuentran a tu alrededor se hacen evidentes tus descomunales celos, envidias, tus arranques de mal humor, desconsideración y majaderías hacia los demás. Sí, todos se dan cuenta menos tú. Es el clásico *elefante blanco* que todos perciben ¡menos tú!

Lo impresionante es que de la misma manera los demás están tan ocupados en ver, comentar y criticar los errores de los demás, lo que tiene o lo que le falta al otro, que tampoco perciben el propio elefante que cargan a cuestas. Es como si un velo de ignorancia y autoengaño, cubriera la visión de los habitantes de la montaña, quienes pareciera que sólo se ocupan de *ver la paja en el ojo ajeno e ignorar la viga en el propio*.

Así, ante ese desolador panorama donde impera el egoísmo, el miedo, el desamor y la mezquindad, cada paso que intentas dar para avanzar un poco te cuesta un enorme esfuerzo, como si tuvieras zapatos de acero y te mantuvieras anclado con cadenas y candados invisibles que no te permiten avanzar. Tal parece que cada paso que intentas dar te cuesta más y más trabajo. Incluso hay lugares en los que resulta imposible continuar tu escalada hacia la cima. Pareciera que incluso te encuentras más abajo de donde comenzaste tu camino.

La actitud cotidiana ante estas circunstancias en lo habitual ha sido sentir que tú y sólo tú eres diferente y merecedor de lo bueno, que eres el mejor, el salvador del mundo y, por supuesto, resentirte porque nadie te lo reconoce y te valora como tal. Pero cuando no es eso te queda el recurso de quejarte con todo aquel que escucha todas las injusticias, dolores y sufrimientos que has debido enfrentar. También es común buscar culpables de tu condición actual, denigrar y minimizar el empeño y el esfuerzo de los demás y por supuesto, justificar tus errores y caídas, encontrando pretextos en todo y en todos para pelearte con la vida y reclamarle a Dios, por que a tu criterio la vida es injusta contigo, porque otros ocupan el lugar que sólo a ti te corresponde o por todo tu penar y sufrimiento, que desde luego piensas que ya es demasiado: tal parece que Dios ya se ensañó contigo o se olvidó de ti.

Te enoja que Dios no perciba que ya pagaste demasiado caro tus errores de antaño, y pretenda seguir cobrándote deudas añejas, además del aire que respiras, el oxígeno que consumes en tu desatinado deambular por la montaña. Piensas que el Creador es un viejo agiotista corrupto que te cobra intereses sobre intereses, impuestos agregados y hasta impuesto sobre la renta.

En ocasiones tu enojo y desolación es tal que le reclamas y lo retas, le pides que ya te suelte y mil veces le preguntas: "¿Por qué a mí? ¿Por qué no me escuchas? ¿Por qué no me respondes? ¿Por qué no haces lo que yo te digo? ¿Por qué me agarraste de marchante? ¿Por qué a fulanito sí y a mí no?" Y mil preguntas más, que por supuesto no encuentran respuesta, pues para escuchar la voz silenciosa del Creador hay que conquistar primero nuestro propio silencio interior.

Por si fuera poco, cuando la tierra tiembla, viene un huracán o se prende fuego que devasta enormes zonas, también te enojas con Dios, olvidando que la tierra ya antes había sido devastada y maltratada por la mano del hombre, por negocio, por dinero. Pero en lugar de analizar y reflexionar sobre la agresión a la que ha sido expuesta el lugar que Dios te regaló como hogar, le reclamas de nuevo y te preguntas si es que está secuestrado si ya se olvidó de ti o, lo que es peor, ¡que Dios no existe!

Ya no se diga nada de las guerras y las divisiones entre los hombres, la corrupción, las adicciones, dependencias y la violencia que prevalece hoy por hoy en la humanidad, pues, claro, ¡Dios es el culpable!

Esto ignora que las guerras, la corrupción y la división entre los hombres, las hacen los hombres mismos al intentar ahogar la inseguridad y el miedo que les invade y tratando de llenar el inmenso vacío que prevalece en nuestro interior cuando nos encontramos alejados de la fuente generadora de toda la vida, con luchas de poder y descomunales intentos por someter al débil para disimular el miedo que nos corroe y la propia debilidad. Además de querer experimentar todo tipo de placeres y lograr la autorealización, que no es más que una loa al egoísmo, la soberbia y la mezquindad.

En un mundo materialista donde todo es negocio, la espiritualidad y el ejercicio de los valores más encumbrados de la humanidad se han disuelto en aras de *ganar* dinero, prestigio y poder, ignorando las leyes eternas y, pretendiendo ganar, perdemos tanto.

Por su parte, las adicciones, las dependencias, la violencia, la neurosis y la depresión son la consecuencia natural del vacío interior o ausencia de actividad espiritual, del desamor, el abandono, los abusos y la violencia que se experimentó en la infancia, incluso dentro del vientre materno. También son producto del desaliento por un futuro que parece incierto y un presente que nos aterroriza.

Podríamos buscar y encontrar, pues *el que busca encuentra*, muchas más causas (sociales, económicas, tendencias estadísticas, etcétera) para explicar la pesadilla que hoy por hoy experimentamos como humanidad, aunque con culpar a Dios y a los demás parece suficiente explicación.

No obstante, resulta curioso que cada vez que tienes problemas y enfrentas una nueva caída, le invocas a Él y reclamas ayuda divina, pero al instante recuerdas que sólo lo que se puede ver, tocar, medir y cuantificar existe, sólo lo que se puede captar por medio de los cinco sentidos se le puede catalogar como científico, y por tanto como válido. No importa si te das cuenta de que a pesar de los impresionantes avances científicos y tecnológicos el hombre de hoy se encuentra más solo que nunca, aislado de si mismo, divorciado de los demás. Parece que la ciencia y la materia han desplazado a Dios de tu corazón, aun cuando éstas no tengan respuestas ni soluciones para los conflictos que enfrentamos en nuestro existir cotidiano: crisis de alimentos, crisis de energía, cambio climático, etcétera, ni para el cúmulo de enfermedades que aparecen día con día, como la influenza, diversos tipos de cáncer que afectan tanto a niños como a adultos y, sobre todo, neurosis, depresiones, dependencias, adicciones, vacío interior y una inmensa soledad. Ni tampoco explican el por qué el hombre se vuelca contra sí mismo, en el boicoteador de sus propios sueños.

Pero en esta ocasión, la pesada lápida que cargassobre tu espalda doblega tu cuerpo y te obliga a mirar sólo en dirección del suelo, limitando la visión del camino hacia las alturas; te obliga a guardar un momento de calma y tranquilidad. Tal vez para eso está hecho el cansancio y el agobio, para poner un alto a los excesos, para buscar reposo y propiciar el equilibrio y la paz interior.

Es por eso que tú, tan acostumbrado a caminar con la mirada en dirección al suelo, realizando siempre un gran esfuerzo, logras dirigir por fin la mirada al cielo y percibir por un momento el canto de las aves, disfrutar la caricia del viento y, con ello, experimentar una sensación de paz infinita y dicha interior.

La noche se ha hecho presente cubriendo con su manto estrellado todas las laderas de la inmensa montaña en la que te encuentras, la belleza indescriptible de luna llena y el brillo de las estrellas parecen recordarte que ¡tú también eres una estrella! Te hacen experimentar una gran y profunda humildad, al percibirte ante la grandeza del universo, como una diminuta partícula que en lo habitual se encuentra chocando contra unos y otros, experimentando una eterna lucha interior, en la cual los pensamientos que evocan el ayer no enfrentado conscientemente generan dolor, culpa, vergüenza y sufrimiento, y luego viajan hacia un futuro inexistente que genera angustia y temor.

En el estado de reflexión en el que te encuentras percibes que también dentro de ti existe guerra y turbulencia, que tus pensamientos y sentimientos se comportan de manera similar a las partículas más diminutas de la materia, viajando una y otra vez entre el ayer y el mañana, entre el quiero pero no puedo, y el puedo pero no quiero.

De repente te salta a la memoria, mucho de lo que hoy se habla en la física cuántica, del impacto de los pensamientos sobre la realidad material y la tan mentada ley de atracción. Estas reflexiones te permiten entender el porqué de lo que acontece en el exterior, que no es sino reflejo de lo que acontece en tu interior y en la mente y el corazón de cada ser humano: "Como es arriba es abajo, como es adentro es afuera".

También comienzas a entender que tus pensamientos y sentimientos emiten vibraciones, pues sabes que todo en el universo vibra, que precisamente por ley de atracción, cuando tus pensamientos de frecuencias vibratorias muy bajas, también atraes a tu vida y a tu mundo, personas y circunstancias que resuenan con el dolor, la hostilidad, la enfermedad, la carencia y el sufrimiento.

Pero saber esto te proporciona por un lado cierto malestar, pues no deja de resultar cómodo culpar a los demás, a la vida y hasta a Dios de nuestra mala suerte. Pero, por otro lado, esta nueva visión del universo, te proporciona un gran consuelo y un gran aliciente, pues hoy sabes que si logras poner paz en tu interior, también la habrá en tu mundo material; si logras construir una conciencia de salud, abundancia y armonía, tu mundo material será el reflejo de tu nueva conciencia y, por supuesto: "Si en ti está el problema, en ti también esta la solución".

Con estas reflexiones comienzas a experimentar una gran serenidad y a sentirte confiado, pues te das cuenta de que si bien has utilizado gran parte de tu vida pretendiendo cambiar a los demás con el argumento de que lo hacías *por su bien*, con resultados desastrosos para ti y para los otros, con el alma desgastada y con resultados estériles, hoy sabes que el verdadero trabajo, la genuina conquista se encuentra en tu interior. Cambia tú y cambia el mundo.

Ante esta nueva perspectiva de tu vida, te estremece saber que toda la creación provienen de una fuerza invisible, de una sutil energía que es la fuente generadora de toda la vida, la que jamás podrá ser percibida por el ojo humano o instrumento del hombre, *el que tiene ojos para ver que vea*. Puedes escuchar la voz del corazón que te recuerda que nunca has estado solo y que la presencia bendita del Ser Supremo habita en ti desde el principio del tiempo y por toda la eternidad. Te estremece el hecho de saberle tan cerca y haberlo sentido tan lejos durante tanto tiempo.

El llanto nubla tu mirada por un momento y con profunda humildad pides perdón por tu descomunal soberbia e ignorancia, que te han hecho caminar de espaldas a la vida, tan distante del Creador. Y así, en silencio y con profunda devoción invocas la ley del perdón y la misericordia divina. Como respuesta observas una luz violeta que viene desde lo más alto y que como un manantial de agua transparente y tibia cubre tu cuerpo.

Te sientes libre y ligero como si las cadenas y los candados que te ataban al piso, hubieran desaparecido. Comienzas a experimentar una sensación de paz confianza infinitas que te alientan a seguir adelante. De hecho percibes que sin darte cuenta has escalado un buen trecho, como si el perdón que invocaste te hubiera elevado hasta la cima de la montaña, hasta los umbrales del cielo, la dimensión que jamás hubieras siquiera soñado alcanzar.

Desde la altura en la que te encuentras te resulta fácil observar el penoso deambular de tus compañeros de viaje, a quienes percibes con infinita compasión al verles distraídos y ajenos a lo que acontece a su alrededor, cargando sus pesados equipajes, su correspondiente elefante blanco y los lastres que genera su propia inconsciencia y que hacen más tortuoso y pesado su camino. Recordando tu propia experiencia, experimentas una profunda compasión por ellos, los que parecen no ver más allá de su nariz, como tú mismo lo habías hecho hasta hacía poco tiempo.

En silencio, en un diálogo secreto con el Ser Supremo, con infinito amor, pides por ellos lo que tú mismo hubieras querido para ti. Como respuesta a tu oración, la cual has realizado con profunda devoción e inmenso amor para pedir por el bien de los demás, la luz violeta, que te acompañaba desde que solicitaste el perdón y la misericordia divina, se tiñe de color rosa y te hace sentir como una expresión viva del amor de Dios. Bajo esta luz comienzas a percibir a los demás como nos percibe Dios mismo: con profundo amor y compasión. Comienzas a entender que lo que nos molesta y separa son las actitudes, los errores no confrontados, nuestra descomunal soberbia y egoísmo; que lo que nos une es la esencia misma del Creador, cuyo nombre más sagrado se encuentra grabado en cada partícula de tu cuerpo y en la esencia misma de la creación. La sensación de infinita dicha, paz y gratitud te permite experimentar la sensación de navegar en el infinito océano de todas las posibilidades, en el inagotable manantial del amor de Dios, donde todo, hasta lo que hasta hace unos momentos parecía imposible, hoy sabes que en Él y con Él todo es posible.

Te encuentras ensimismado con estas reflexiones y experiencias que hasta no hace mucho tiempo te parecían desconocidas, cuando de pronto, el llanto desgarrador de un niño te obliga a dejar el diálogo que mantienes contigo mismo. Al abrir los ojos percibes frente a ti a un pequeño de no más de tres años, que llora desconsolado. Parece que se encuentra extraviado pues se encuentra solo, triste y asustado en medio de la oscuridad de la noche, pues aun cuando hay luna llena y las estrellas brillan en esplendor, para el pequeño extraviado todo parece negro y desolador.

Enseguida te aprestas para tomarlo en tus brazos y estrecharlo con fuerza para consolarlo. Con infinito amor comienzas a decirle al oído todo lo que te hubiera gustado escuchar en aquel ayer distante, cuando tú también eras un niño y te sentías perdido y solo, cuando ya siendo joven o adulto, experimentabas miedo y desolación: "Ya, chiquito, todo está bien, no estás solito, yo estoy contigo y junto a los dos siempre se encuentra Dios".

Con profunda ternura observas cómo el niño apacigua su llanto y tus palabras lo van confortando. Lo que te sorprende en gran medida es que al abrazarlo y consolarlo, experimentas la extraña y confortante sensación de que en tu interior también se hubiera acomodado algo, como si el niño que todos llevamos dentro, también hubiera encontrado consuelo y paz.

Con el niño calmado y reposando tranquilamente en tus brazos, te aprestas a iniciar la búsqueda de sus padres, y entregarlo con el fin de que el pequeño pase la noche al resguardo de sus seres queridos y bajo el techo de su hogar. No obstante, los pensamientos egoístas y mezquinos, esos que siempre se encuentran al acecho, te hacen dudar: si bajas la colina, el trabajo que te podría costar volver a alcanzar las alturas en donde te encuentras: si te vas y te alejas, otro puede ocupar el lugar privilegiado en el que te encuentras, si pasarás la noche entera buscando sin encontrar espacio ni tiempo para descansar. Pero todos esos pensamientos negativos desaparecen cuando contemplas la mirada de tristeza del pequeño. Ya has descubierto que resguardar la inocencia de un niño y protegerlo es recuperar tu propia inocencia y sanar las cicatrices emocionales de antaño.

Así que no lo piensas más y te diriges con el pequeño en brazos hacia abajo en busca de su padres o alguien que le conozca y te proporcione referencias de ellos. Así, con el pequeño bajo tu resguardo y protección continúas el descenso de la montaña. También te sorprende el hecho de que te sientes ligero, que no experimentas cansancio y descubres con ello que lo que se realiza con amor no sólo no cansa, sino que te renueva.

Entre las penumbras percibes las sombras de un hombre y una mujer que desesperadamente gritan y repiten el nombre de *Melitón,* al cual el pequeño que llevas en brazos medio dormido, parece responder diciendo: "¡Papá, mamá!". Lo colocas en el piso y con los bracitos extendidos se dirige hacia donde la pareja se encuentra. Tú te sientes feliz y satisfecho al observar la escena del encuentro y si bien no esperabas recibir algo a cambio, tampoco esperabas lo que estas a punto de experimentar. La reacción que los padres de Melitón te sorprende y desde luego te enfurece. Te llaman ratero, robachicos, criminal y mil recriminaciones más que no sólo te confunden, sino que te llenan de ira y de resentimiento. De tal manera que, cuando menos piensas, en vez de aplicar lo que ya habías aprendido (bendecir la esencia divina, hacer oración, perdonar, utilizar las luces del espíritu, etcétera), te enganchas en las emociones de ellos y respondes también con insultos y amenazas. "Padres descuidados, inconscientes, mal agradecidos."

Los gritos y las amenazas de ambos bandos alcanzan tales proporciones que ya nadie escucha lo que el otro dice, ni siquiera el llanto del pequeño que una vez más, pese a la presencia de los adultos, se siente solo y desconsolado, tal como se sienten los niños cuando son testigos y víctimas de la violencia, cuando sienten que a nadie le importan.

Su carita de tristeza y el llanto desolador del pequeño, apacigua tu ira y optas por retirarte del lugar, no sin antes sentenciar a los *descuidados e ingratos* padres: "En vez de andar culpando a los demás por sus descuidos e irresponsabilidades ¡cuiden a su hijo! Mal agradecidos".

La rabia, el coraje, la impotencia y las mil emociones encontradas que nublan tus pensamientos y tu razón no te habían permitido distinguir con claridad el lugar en el que ahora te encontrabas: en la falda de la montaña, justo el sitio en donde habías empezado la travesía. La sorpresa y la frustración te hacen exclamar: "¡Lo que me faltaba! Eso me pasa por acomedido, mejor me hubiera quedado en mi lugar, total, lo que le pasara a Melitón, ¿a mí qué?" Estas frases sólo reflejan el coraje y la impotencia que habían tomado una dimensión descomunal.

Ante esta turbulencia emocional, el resentimiento no se hace esperar y aparece triunfal para hacer lo suyo: te conduce hacia el pasado, recordándote lo cómodo y feliz que te encontrabas en la cima de la montaña, lo peligroso y riesgoso del descenso, la ingratitud y violencia injustificada de los padres. Enseguida el resentimiento conduce a tus pensamientos hacia un futuro angustiante, generando pensamientos de duda e incertidumbre respecto a lo que pudiera pasar en tu nuevo intento de conquistar la cima: "¿Y si ya no puedo subir? ¿Y si no encuentro el camino?" Mientras tus emociones destructivas alimentan el resentimiento, éste continúa su *recorrido voluntario* entre el pasado y el futuro, dándole la mano al miedo que crece descomunalmente y te paraliza y llena de angustia y desolación.

De pronto, volteas al cielo y observas que la luna y las estrellas han desaparecido, que la noche se ha tornado más oscura y turbulenta que nunca. Sientes que Dios te ha dejado de su mano y que no te escucha. El resentimiento aparece de nuevo y en el acto y comienza a realizar lo suyo: te recuerda que no bastan las ofensas y las injusticias ajenas, sino que Dios se ha vuelto contra ti, que Él es el culpable de tus sinsabores y desgracias. Ya sabes que en la inconciencia el vacío y la necesidad que el alma tienen de reencontrarse con el espíritu de Dios se torna en ira, frustración y soledad.

Y, por supuesto, cuando te das cuenta, ya estás bajo la tierra en las profundidades de lo que parece el averno. Se te había olvidado que culpar a los demás y a Dios de tus desgracias es alimentar el resentimiento que sólo hace lo que tiene que hacer. Y así como el fuego quema y el agua moja, el resentimiento te lleva una y otra vez del ayer al mañana, curvando la mente cada vez más y sumergiéndote en pozos de sufrimiento y desolación.

Por si fuera esto poca cosa, por la ley de la atracción, comienzas a observar sombras entre las sombras, personas con aspecto de facinerosos que intentan acercarse a ti. Enseguida piensas: "¿Qué tal si me asaltan? ¿Y si me secuestran?" Desesperado buscas la cartera en el bolsillo y te das cuenta que esta ha desaparecido. Los pensamientos negativos no tardan en aparecer:

"Claro, fueron los tales por cuales de los padres de Melitón, que además de irresponsables y estúpidos han de ser rateros. Tal vez es que Dios me está castigando por enojarme con Él y reclamarle su ceguera y las injusticias que comete." Y así como un alud, los pensamientos negativos y destructivos, fluyen incansablemente.

Comienzas a experimentar la sensación de dualidad y conflicto tan conocida y te percatas que el miedo, el resentimiento y la frustración ya están haciendo de nuevo de las suyas. Haces entonces un alto y con profunda humildad pides la ayuda, la orientación divina. Como magia, vienen a tu memoria los recuerdos de aquellos momentos en los que experimentabas emociones similares al intentar iniciar tu escalada hacia la montaña. Te acuerdas con claridad de lo que el perdón había realizado por ti y te preguntas: "¿Si en vez de haberme enganchado con las emociones de los padres de Melitón me hubiera puesto en sus zapatos aunque fuera por un sólo momento? ¿Si en vez de ponerme a pelear y gritar como loco hubiera hecho una oración por ellos o hubiera invocado la luz de la serenidad y la armonía? ¿O si simplemente hubiera invocado la ley del perdón y la misericordia divina?"

Tú mismo te respondes: "No, no sé lo que hubiera pasado, pero de lo que si estoy seguro, es que yo no estaría sumergido en la oscuridad de las profundidades de la tierra, ni experimentando el miedo, la desolación y la angustia que ahora estoy sintiendo".

Con profunda humildad, invocas de nuevo la ayuda divina y de todo corazón pides perdón por lo consciente o inconscientemente hubiera generado esta situación. Como respuesta, al instante experimentas una paz infinita y de nuevo sientes como una luz de color violeta te baña con generosidad y abundancia, como una cascada de bendiciones en la que percibes el perdón y la misericordia divina. Bajo la influencia de esta maravillosa sensación pides perdón de nuevo por el evento que se suscitó con los padres del pequeño Melitón y pides para ellos también la guía y la orientación divina para que puedan ser mejores padres. Con todo el corazón le pides a Dios por que los libere de la prisión de la inconsciencia y que les perdone por el daño que consciente o inconscientemente hubieran generado a los demás, a ellos y a ti mismo.

No logras entender del todo lo que ha pasado a tu alrededor, pero el lugar en el que ahora estás se encuentra inundado de luz. La luna y las estrellas bañan tu cabeza con sus rayos y experimentas la maravillosa sensación de saberte millonario, aun cuando sabes que en esos momentos no posees un centavo, pues no sabes dónde quedó tu cartera ni tienes claro lo que pueda acontecer mañana. Pero has descubierto lo que te hace sentir grande e infinito: tu nexo con el Creador, su amor infinito que siempre responde a cada invocación y desde luego la magia del perdón y el milagro de una oración.

Así, con una estrella y un pedacito de luna en el bolsillo de la imaginación, te recuerdas millonario, aun cuando quizá nadie lo sepa. Sabes que en la mente infinita del Padre nada se pierde. Con profunda fe y agradecido te dispones a programar tu mente para visualizar que tu cartera aparece, pero al instante recuerdas que el utilizar la energía que emana del corazón de Dios con fines individualistas y mezquinos que sólo te benefician a ti te convierte en ladrón de la energía cósmica, en usurpados del amor y la provisión divina. Esto ya sería suficiente para renunciar a tus creaciones mentales que no reconocen ni agradecen la voluntad y la provisión de lo divino. Pero, por si fuera poco, ahora sabes que este tipo de creaciones son como la fusión nuclear, que de momento colapsa energía junto con la posibilidad de materializar tus creaciones mentales, pero desplazando la materia que, a la larga o a la corta, como verdaderas bombas atómicas se vuelcan contra ti, contra los que más dices amar y contra este planeta que Dios te regaló como hogar.

Ahora sabes que existen otras formas de acceder a la fuente generadora de toda la vida y que son pasaportes que te permiten el acceso a la Dimensión de los Milagros. Basta pedir con profunda humildad y en oración, que es un diálogo íntimo y silencioso con el Ser Supremo; mantener la fe en tu corazón, la imagen de lo que deseas lograr en la mente y, por supuesto, la gratitud en todo momento para que el Arquitecto del Universo cubra tus necesidades con infinita abundancia, siempre con armonía con el mundo y de manera perfecta, pues perfecto es Él y perfectas son sus obras.

La paz y la serenidad que experimentas en esos momentos tiñen de color naranja el manantial de luz, del agua viva que te protege y acompaña desde que realizaste de nuevo el perdón y que al sentirle tan cerca te invita a deshacerte de toda carga y preocupación, pues sabes que la provisión divina te acompaña en todo momento de tu vida.

En eso te encuentras cuando de pronto percibes las figuras de Melitón y sus padres que, presurosos y jadeantes, se dirigen hacia ti. Tu primer pensamiento está cargado de la fuerza caótica y destructiva de la materia, siempre de índole negativa: "Pobre niño, ahí vienen ese par de locos. A lo mejor vienen a golpearme o llevarme a la delegación para acusarme de robo de infante". Pero ahora tienes herramientas y detienes en seco ese flujo de pensamientos diciendo: "no quiero, no acepto ver lo malo en los demás porque Dios está en ellos y Dios vive en mí".

Enseguida ves como Melitón se acerca gustoso a ti, con las manitas extendidas, como queriéndote entregar algo, en su media lengua escuchas que te dice: "e tuyo, e tuyo". Te sorprende y estremece ver que lo que te pretende entregar es tu cartera extraviada, la cual recibes con inmenso gusto y gratitud. Tomándolo en tus brazos le das un beso en la frente. Te conmueve su sonrisa y su espontaneidad, y no sin cierto temor te diriges hacia los padres para entregar al pequeño, quienes sorpresivamente te abrazan y agradecen lo que hiciste por su pequeño Melitón.

Es curioso, hasta hace poco, hasta antes del perdón que realizaste para ti mismo y para ellos, eran tus enemigos. Hoy son tus amigos de verdad. Bastó ponerte un momento en sus zapatos para entender su desesperación ante la pérdida de su hijo pequeño, verlos un poco como Dios nos ve, pedir para ellos lo mejor, lo mismo que hubieras pedido para ti y desde luego: ¡perdonar!

Ahora te sientes ligero, profundamente agradecido, pero confundido, pues no tienes claro el camino que debes de seguir para llegar a la cima. Entonces en silencio invocas la sabiduría divina, su guía y orientación. Al momento la luz que te cubre se torna de color amarillo-dorado y ahora el camino se muestra claro para ti. Sabes que no caminas solo, que desde el cielo siempre hay una mano extendida que te conduce, te guía y te protege.

Ha sido una larga pero fantástica noche, en la que has tenido la oportunidad de descubrir y aplicar talentos desconocidos en ti. En el horizonte, los primeros rayos de luz anuncian la llegada del sol, el cual llega a su cita formal de cada amanecer para regalarte con su luz y su calor, un día nuevo ¡para estrenar!

No obstante, te sientes cansado y agotado, pero con la mirada en dirección al cielo –ya has aprendido a voltear al cielo– llevas el dedo pulgar al centro de la frente y repites en silencio:

"Aquí y ahora la salud y la vitalidad divinas renuevan mi cuerpo, alimentan a mi alma". Al instante se tiñe de verde la luz que te envuelve como una caricia amorosa que parece ser el reflejo del verde de los árboles y el pasto que son teñidos con la luz del sol que generosamente les baña. Te sientes dichoso, feliz e infinitamente agradecido. Ya sabes que un corazón limpio en el que se mantiene viva la gratitud no sólo es un pasaporte a la Dimensión de los Milagros, sino el emisor perfecto para transmitir la fuerza y la energía que emana del corazón de Dios.

Así, con esa sensación maravillosa de saberte en contacto con el Ser Supremo, reinicias tu escalada hacia la cúspide, que ya se encuentra muy cerca. Pareciera que la montaña se hubiera elevado o que el cielo hubiera bajado. Desde tu perspectiva éste y la tierra parecieran juntarse, incluso que fueran lo mismo.

No obstante que la cima pareciera tan cerca y el anhelo del alma por llegar a ese lugar fuera infinito, como el del río caudaloso que adivina que su destino es el mar. No tienes prisa por llegar, parece que, las prisas y el correr todo el tiempo se hubieran quedado para siempre atrás, en el ayer. El ayer que ya has confrontado y te ha permitido crecer aprendiendo tanto de los errores como de las buenas experiencias. El ayer confrontado y trascendido que te ha permitido ponerte en los zapatos de los demás para tolerar, comprender y perdonar, pues ahora sabes que una de las características más distintivas de nuestra fragilidad humana es equivocarse, lo grave es no reconocerlo y culpar a los demás. Pero es más grave aún, y esto como consecuencia de lo anterior, criticar, juzgar y condenar a los demás. Hoy que has aprendido a voltear al cielo y sabes que existen leyes espirituales que por su propia naturaleza son inefables, has dejado de criticar, enjuiciar y condenar a los demás en tanto que sabes que *con la vara que mides serás medido.*

Hoy disfrutas cada momento, te embelesa el azul del cielo y las diferentes tonalidades de verde con las que se encuentran teñidos los árboles y el pasto de la montaña. Disfrutas el canto de las aves y el sonido del río que corre presuroso hacia su encuentro con el océano infinito. Percibes el viento que acaricia tu rostro como una caricia del cielo, de la mano de Dios.

Disfrutas y agradeces el alimento que te brinda la naturaleza y te aprestas en cada oportunidad para hacer más ligero el camino de los que hoy sabes no son los otros, sino el reflejo de lo que has sido tú mismo en diferentes momentos de tu existencia.

En este nuevo camino, o más bien en esta nueva manera de caminar, casi sin darte cuenta, has llegado a lo que parece tu destino final. Ya puedes percibir la proximidad de la cúspide, sólo que la noche se acerca y el miedo, ese que aprovecha cualquier oportunidad para hacerse presente, comienza a invadirte. Pero ahora es diferente, sabes que no estás solo, que quien hizo cielo, mar y tierra esta siempre contigo. Con profunda humildad y gratitud, invocas la luz azul de la protección divina, la cual al instante se hace manifiesta como si también anhelara el llamado del hijo del hombre para poder actuar, pues respetando su libre albedrío se ha mantenido a la expectativa. Pero ahora ante tu llamado e invocación te envuelve con amor y con sutileza te eleva hasta la cima, donde te estremece la cercanía de las estrellas, su brillo y su belleza, que en silencio te recuerdan tu origen divino, tu nexo eterno con el Arquitecto del Universo. Estás tan cerquita del cielo, pero aún parado sobre la tierra de la montaña. Muchas cosas has tenido que aprender, muchas otras has tenido que desechar. Adivinas que aun cuando te encuentras tan próximo a la cima, el camino puede ser todavía largo e incluso tortuoso. Pero ahora sabes que tú eres un ser único, singular y sobre todo, un ser muy, pero muy especial, dotado de mil cualidades y dones que te convierten en un puente entre los poderes del cielo y la tierra, que tienes el dominio sobre tu existencia. Ahora sabes que ya no eres más un corcho en las aguas turbulentas de la inconsciencia ni un papalote al viento. Sabes que los problemas son simplemente para transformarlos en oportunidades de crecimiento y evolución. Que ninguna creación humana o material tiene poder alguno sobre ti. Sabes también que eres la criatura más amada de Dios y que en su amor infinito, sabiduría y voluntad se construye tu existencia a cada momento, a cada día.

Estremecido hasta lo más profundo de tu ser por el milagro que se ha gestado en ti, por la libertad de la que ahora gozas y el amor infinito que te envuelve, caes postrado al piso inclinando la cabeza para dar gracias infinitas y con profunda humildad pedir que a partir de ese momento se realice en tu vida sólo la voluntad divina y perfecta del Creador y nunca más la tuya, que al ser humana y material, se encuentra plagada de egoísmo y mezquindad. En esa oración, que en realidad es un diálogo secreto que emerge desde lo más profundo de tu alma con el espíritu de Dios, a quien has aprendido a amar con toda tu mente, con todo tu corazón y con todo tu espíritu, descubres con profunda humildad tu gran pequeñez y finitud humana, tu infinita grandeza interior y la fuerza del espíritu que te eleva hasta el corazón de Dios, donde todas las cosas son posibles.

Poco a poco te pones de pie. Te sientes ligero, tan ligero como una pluma y, sintiendo la guía y la protección divinas, te acercas a la pendiente invocando la voluntad de Dios. Desechas al miedo como tu consejero y escuchas claramente la voz del amor que te invita a entregarle todas tus preocupaciones al Creador, a abandonarte en Él con la plena confianza de quien se sabe cuidado, guiado y protegido por alguien infinitamente grande. En la cima de la montaña y con la mirada en dirección al cielo extiendes los brazos y descubres que tienes alas y que puedes volar.

Ante tal espectáculo, el llanto brota libremente y recorre tus mejillas, pero es un llanto diferente, un llanto purificador generado por la viva emoción de saber quién eres en realidad: Tú eres ¡la criatura más amada de Dios!

Eres aquél que, en un proceso de crecimiento y evolución, despierta del sueño letárgico de la inconsciencia y descubriendo tu infinito potencial interior y tu descomunal poder personal.

En tu vuelo, que en realidad es un vuelo de libertad, percibes que no te encuentras solo. Jamás lo has estado, sólo que ahora puedes percibir, no sólo con los ojos del rostro, sino también con los del corazón, que alrededor de ti hay ángeles que te cuidan y que siempre lo han hecho, pero bien que con la mirada humana jamás podrías percibirles. Hoy ante esta nueva mirada te resulta fácil observar una cascada de hermosísimos colores que con amor te cubren y responden a tu llamado, a tu invocación. Pareciera que en una danza armoniosa festejarán el regreso consciente del hijo del hombre, criatura amadísima de Dios, a su verdadero hogar, ¡a la Dimensión de los Milagros, a la fuente generadora de toda la vida, al corazón de Dios!

Epílogo

Creo que para finalizar este libro, poco es lo que habría que decirse, y sí mucho lo que tendrás que descubrir y aplicar en tu propia vida, en tu vivir diario.

Pero si estas líneas escritas con tanto amor han dejado en ti la inquietud de descubrir tu verdadera naturaleza y el infinito potencial que se encuentra en tu interior, yo me siento profundamente satisfecha por el recorrido que hemos realizado juntos y por la semilla que ha quedado sembrada en tu corazón, que estoy segura que muy pronto dará frutos en la construcción de un mundo nuevo y de una vida mejor.

Sólo quisiera enfatizar en la necesidad que hoy tenemos los seres humanos para voltear a nuestro interior y religarnos conscientemente a la fuerza suprema del universo, a la fuente generadora de toda la vida, al corazón de Dios, tal y como tú puedas concebirlo y entenderlo.

Es precisamente el camino de la espiritualidad el que nos permite acceder no sólo a la puerta de la esperanza, sino a la Dimensión de los Milagros, donde cobran vida tus sueños más encumbrados, donde es posible transformar y trascender la realidad materialista, caótica y destructiva que por ignorancia, y sobretodo por distanciamiento de nuestro verdadero origen, hoy nos agobia y esclaviza.

Recuerda que en realidad somos seres espirituales en un cuerpo y un plano material, que el universo del cual tu formas parte, está conformado por átomos y éstos a su vez por 99.9% de vacío, de no materia, de una fuerza sutil, espiritual que jamás podrá ser percibida por los ojos materiales.

Hoy, con los elementos que nos brinda la Psicología Cuántica y del Espíritu, podemos tender un puente de amor y comprensión entre los pilares de la ciencia y las leyes del espíritu para descubrir nuestra verdadera dimensión humana y nuestro destino divino y realizarlo en el aquí y el ahora, en nuestro maravilloso planeta que el Creador nos regaló como hogar.

Recuerda que sólo con un genuino despertar espiritual es posible dejar adicciones y dependencias, clausurar el infierno de dolor y sufrimiento hasta hoy conocido y emprender un un vuelo de libertad.

Que Dios te bendiga siempre
Raquel Levinstein

Dios, el Señor nuestro por todas partes es invocado,
Por todas partes es también venerado.
El que lo encuentra tan solo sabe bien esto:
Él es invocado, solo a su lado, junto a Él,
Se puede vivir en la tierra.

Nezahualcóyotl

Sobre la autora

Raquel Levinstein, pionera de la Psicología Cuántica y del Espíritu con 33 años de trayectoria, es directora del Centro de Servicios Interdisciplinarios para el Desarrollo Humano (CSIDH), así como presidenta y fundadora de la Asociación Hispanoamericana de Psicología Cuántica y del Espíritu.

Es autora de varios libros considerados *best sellers*, entre los que destacan: *Pensando en ti*, *En busca de un ayer perdido* y *Señor, quítame lo bruto*; además del *long seller El infierno del resentimiento y la magia del perdón*, libro que recibió la Condecoración al Mérito Editorial y que lleva más de 35 reimpresiones. Es autora de más de 55 audios con reflexiones de autoterapia emocional creados para enfrentar situaciones como la pérdida de un ser querido, el abandono y la infidelidad; también para ser mejor padre, hijo y ser humano, y todos los temas inherentes a la superación personal y el desarrollo humano.

Es una destacada conferencista que sabe tocar las fibras más sensibles de su auditorio. Además, desde hace más de 30 años, colabora con grupos de autoayuda, como Alcohólicos Anónimos, a quienes ama y admira profundamente.

Cuenta también con una importante trayectoria en televisión y radio, donde ha recibido premios internacionales como el Premio Quetzal, el Micrófono de Oro, la medalla Dolores Ayala por la Asociación Nacional de Locutores y el premio Águila de Oro. En la actualidad puedes escucharla en su programa *Siempre contigo*, que se transmite todas las mañanas a las 11:30 por Radio Centro 1030 AM y en todo el mundo a través de internet en: <www.radiocentro1030.com.mx>.

Ha sido reconocida y premiada, incluso en el ámbito internacional, en todas las áreas en las que se ha desempeñado: escritora, conductora de radio y televisión, conferencista y, sobre todo, la que ella considera la más importante: la de promover el cariño de su público.

Si deseas contactar a Raquel Levinstein puedes hacerlo en la página <www.raquelevinstein.com.mx> o comunicarte al teléfono 55 41 43 19, donde con gusto te informarán sobre sus libros, materiales auditivos, así como cursos, talleres y conferencias con lo más actualizado de la Psicología Cuántica y del Espíritu.

PASAPORTE
a la DIMENSIÓN de los
Milagros

terminó de imprimirse en 2015
en Litográfica Ingramex, S. A. de C. V.,
Centeno 162-1, colonia Granjas Esmeralda,
delegación Iztapalapa, 09810, México, D. F.